斯坦福社会创新评论

Stanford SOCIAL INNOVATION Review

02

斯坦福社会创新评论编辑部 / 著

李凡 等 / 译

中信出版集团·北京

图书在版编目（CIP）数据

斯坦福社会创新评论.2 / 斯坦福社会创新评论编辑部著；李凡等译. -- 北京：中信出版社，2018.4
书名原文：Stanford Social Innovation Review
ISBN 978-7-5086-8758-2

Ⅰ.①斯… Ⅱ.①斯… ②李… Ⅲ.①企业创新－研究 Ⅳ.①F273.1

中国版本图书馆CIP数据核字（2018）第046504号

斯坦福社会创新评论 02

著　　者：	斯坦福社会创新评论编辑部
译　　者：	李凡　等
策划推广：	中信出版社（China CITIC Press）
出版发行：	中信出版集团股份有限公司
	（北京市朝阳区惠新东街甲4号富盛大厦2座　邮编　100029）
承 印 者：	中国电影出版社印刷厂

开　　本：	787mm×1092mm 1/16	印　张：13	字　数：168千字
版　　次：	2018年4月第1版	印　次：2018年4月第1次印刷
广告经营许可证：京朝工商广字第8087号
书　　号：	ISBN 978-7-5086-8758-2
定　　价：	49.00元

版权所有·侵权必究
凡购本社图书，如有缺页、倒页、脱页，由发行公司负责退换。
服务热线：010-84849555　　服务传真：010-84849000
投稿邮箱：author@citicpub.com

《斯坦福社会创新评论》英文版编辑部

学术编辑：约翰娜·迈尔（Johanna Mair）
执行主编：埃里克·尼（Eric Nee）
高级编辑：戴维·约翰逊（David V. Johnson）
高级数字编辑：珍妮弗·摩根（Jenifer Morgan）
助理编辑：贾斯汀·德雷南（Justine Drennan）
出版人：迈克尔·戈登·沃斯（Michael Gordon Voss）
广告、活动及发行主管：嘉莉·波哥雷尔彻（Carrie Pogorelich）
出版及营销助理：沙亚尼·博斯（Shayani Bose）

《斯坦福社会创新评论》英文版学术顾问委员会

保拉·佩雷斯·阿勒曼（Paola Perez Aleman），麦吉尔大学
乔希·科恩（Josh Cohen），斯坦福大学
阿尔努恩·易卜拉欣（Alnoor Ebrahim），哈佛大学
马歇尔·甘兹（Marshall Ganz），哈佛大学
奇普·希思（Chip Heath），斯坦福大学
安德鲁·霍夫曼（Andrew Hoffman），密歇根大学
迪安·卡尔兰（Dean Karlan），耶鲁大学
安妮塔·麦加恩（Anita McGahan），多伦多大学
林恩·梅斯克尔（Lynn Meskell），斯坦福大学
伦恩·奥托拉诺（Len Ortolano），斯坦福大学
弗朗西·奥斯特罗（Francie Ostrower），得克萨斯大学

安妮·克莱尔·帕奇（Anne Claire Pache），高等经济商业学院（法国）
伍迪·鲍威尔（Woody Powell），斯坦福大学
罗布·赖克（Rob Reich），斯坦福大学

《斯坦福社会创新评论》英文版指导和激励来自世界各地的社会各个部门（非营利组织、企业和政府）的数百万社会变革领袖。通过在线研讨会、会议、杂志、在线文章、播客等，《斯坦福社会创新评论》探讨涉及各类主题的研究、理论和实践，包括人权、影响力投资和非营利组织的商业模式。《斯坦福社会创新评论》由斯坦福大学 PACS 中心出版。

关于斯坦福大学 PACS 中心

学术主任：
保罗·布雷斯特（Paul Brest），法学荣誉教授
伍迪·鲍威尔（Woody Powell），教育学教授
罗布·赖克（Rob Reich），政治学教授

执行主任：
金·梅雷迪思（Kim Meredith）

顾问委员会：
劳拉·艾瑞拉加·安德烈森（Laura Arrillaga Andreessen）
赫伯特·艾伦三世（Herbert A. Allen III）
吉姆·布雷耶（Jim Breyer）
吉恩·凯斯（Jean Case）
索玛西·达什（Somesh Dash）
泰德·杰纳斯（Ted Janus）
斯夫·凯姆卡（Shiv Khemka）

刘昕（Xin Liu）
比尔·米汉（Bill Meehan）
丽贾娜·K.斯卡利（Regina K. Scully）
戴维·西格尔（David Siegel）

《斯坦福社会创新评论》中文刊编辑部

主　　编：沈东曙
学术顾问：刘北成
学术主编：关　凯
联合主编：李　凡
出版顾问：徐智明
编　　辑：刘新童，胡　昕
出版助理：刘新童

《斯坦福社会创新评论》中文刊出版方：北京乐平公益基金会

关于北京乐平公益基金会

北京乐平公益基金会（以下简称"乐平"）致力于构建一个包容发展的社会，为真切关心社会发展的人提供解决社会问题的生态环境。乐平将自己定位为社会创新的触媒和社会创新市场的构建者。通过以影响力为导向的综合性投资，乐平支持具有高成长性的新生代社会企业快速发展，并催化具有规模化潜力的社会创新方法，最终产出规模化的社会影响力。通过一系列知识与思想产品，乐平为社会创新构建人才市场和思想市场，基于跨界多元的社群培育一个有利于社会企业家生长的社会创新环境，促进更多社会企业的规模化发展。

扫码入群，有机会获赠下一期《斯坦福社会创新评论》

《斯坦福社会创新评论》中文刊学术合作机构：
清华大学中国社会创新与现当代史研究中心

清华大学中国社会创新与现当代史研究中心成立于 2016 年，是清华大学以中国社会创新发展及现当代史、教育为主要研究对象的跨院系研究教育机构，由清华大学人文学院和北京乐平公益基金会作为发起单位共同设立。中心的宗旨是促进中国现当代史，特别是改革开放以来历史的学术研究，以及创新思维和方法在社会发展中的应用，从而为推动社会发展与社会变革提供理论和实践依据。

《斯坦福社会创新评论》中文刊出版手记
这个世界会好吗？

20世纪90年代以来，随着历史终结论的轻易被击穿和全球化的席卷，文明冲突、贫富差距、环境挑战、技术变革，似乎在信息时代各种矛盾更加突出。中国在这样的背景下成长为世界第二大经济体，也就面临国内、国际的双重挑战。机会和出路在哪里？

回答这个问题的可以是一种判断和理由，更可以是一种信仰和行动。

2004年，《如何改变世界》出版，作者戴维·伯恩斯坦在书中记录了几十位社会创新变革者（他称为"社会企业家"）的工作。这本书很快在包括中国在内的全球二十多个国家翻译出版。这本书为什么如此风行？因为有关社会企业家的工作，我们听说的不多。新闻往往聚焦于问题，而不是解决的方法，尤其是具备巨大勇气开始前期探索的那些人。人们集中看到一批创新的社会问题解决者：他们不漠然，不自设桎梏，相信所处社群的潜力，有不懈的努力和不断生长的创造力；他们创造了面对低收入人群的小额贷款服务并成功规模化，使世界级设计学院的发展方向变为服务所有人群，使健康生态农业扎根全球并形成公平贸易网络，发起了"共益企业运动"使得全球的企业家和投资人重新思考怎样才是"好公司"……当一批这样的社会企业家群像和他们的成就集中展现的时候，世界看到了信仰和行动的力量与新的出路。

2003年，《斯坦福社会创新评论》在斯坦福大学开始出版。所谓"聚精微，成浩瀚"，如同《哈佛商业评论》在商业创新中对一线企业领导者战略思维与创新能力的巨大激发一样，《斯坦福社会创新评论》在过去十五年卓有成效地推动了一线社会企业家的思想与行动领导力的发展。社会创新领域大部分的重要实践真知与概念，譬如设计思维、集合影响力、规模化路径等都在《斯坦福社会创新评论》中首次或总结性提出。可以说，这是社会创新领域先行者的知识宝库。历经四十年的改革开放，中国不仅在经济发展上取得举世瞩目的成就，更积累了可观的社会发展潜力。以促进社会和谐与创新为主要使命的各类基金会已达5000余家，以慈善法颁布为标志，慈善信托等新的社会创新资源正源源进入。同时，共益企业等跨界创新力量正萌芽蓄势，新一代社会企业家将和他们的社群支持者共同成为应对各类社会问题挑战的创新先行者。在新形势下，如何高效引进与创造社会创新知识，为新一代社会企业家提供知识资源和分享经验也成为当务之急。

乐平基金会始终致力于通过知识创新、人才与资本市场创新推动社会创新，建设包容发展的社会。2017年，在多年成功投资、培育中国本土的社会企业和社会企业家的基础上，我们成立了"乐见工作室"，旨在通过研究出版和社交媒体等方面的投入，能更好地把全球社会创新领域的新进展介绍到中国，协助构建中国社会创新的知识体系和跨界创新社群。乐平与《斯坦福社会创新评论》的出版合作是其中的重头，从2017年春季刊开始，乐平作为《斯坦福社会创新评论》中文刊的出版人，不仅将逐步每季同步出版，同时还将在未来三年出版"斯坦福社会创新评论"精选集系列。我们的中文刊不仅有原文译介，更会逐步培养中文作者，更好地与中国的社会创新共同成长。

乐见工作室的出版工程，是一个开放创造的形态，我们只是适逢其会，先行一步。要真正做好这项知识创造与分享工作，更需社会创新领域内外的各位贤达新锐不吝赐教，共同试错前行。期待年年共同有长足进步。

这个世界会好的。

北京乐平公益基金会首席执行官／秘书长

沈东曙

2017 年 7 月于北京朝阳公园

目 录
Contents

中文刊 02 期导言

价值、理性与文化：社会创新的理论和方法　　7

专题文章

应对特朗普的挑战：未雨绸缪的美国公民自由联盟　　9

美国公民自由联盟是 1920 年诞生的一个保护公民宪法权利的民间组织，其总部设在纽约，网络遍布全美国。在"9·11"事件发生之前，联盟就提出了一项旨在拓展其地方分部能力的十年计划。今天，面对特朗普上台所带来的种种挑战，这一计划正在走向成功：联盟的募捐总额创出历史新高。作为美国宪法权利的重要捍卫者之一，它是如何做到这一点的？

实现突破性创新　　31

非营利组织、社群团体和慈善家在解决棘手问题时，正在将共创作为一种吸引更广泛社群参与的方法。但是，其中很少有能够引起系统变革或者颠覆常规做法的解决方案。那么，如何才能实现突破性创新呢？

中国慈善的集体行动模式　　53

在西方，很多富有的企业家喜欢通过成立私人基金会、家族办公室或捐赠者指导型基金，给具有鲜明个人喜好的慈善事业捐赠。相比之下，大多数中国企业家更愿意相互协作，一起做慈善。

走出普适化的迷宫　　74

决策者需要不断面对普适化的难题：一个成功的模式如果放在别的环境中，能指望产生类似的效果吗？本文阐释的普适性框架提供了一个实用的方法来综合各类证据，以评估特定政策是否可能在某种新情境下生效。

关于评估的无谓之争　　91

为全球的贫困人口寻找出路不需要在理论和决策之间做出取舍，好的评估能够两者兼顾。

案例研究

土著人健康组织的革命性创新　　98

中南基金会正在将阿拉斯加土著人(Alaska Native)的传统治疗手法引入到医疗服务中，不仅使阿拉斯加土著人的福祉得到极大改善，还减少了医疗开支。它能为美国的医保改革提供一种模式吗？

实地报道

舞蹈革命　　115

非营利组织"木舞池"有效地运用艺术教育打破贫困循环，而如今它正在以特许经营的方式推广这一成功模式。

爱足球却找不到工作？去经营足球俱乐部吧　　122

社会企业"可行力"（Vi-Ability）正在通过足球来改变无所事事的英国青年，让他们对立业所必需的技能和经验产生兴趣。

人道主义者的救赎　　128

奋斗在第一线的救援工作者通过"冥想疗愈项目"来对抗职业倦怠。

社会变革新方法

美国绿色农业的融资创新　　135
一个崭新的市场　　139

美国监狱的地方改革　142
社区医疗保健的德里模式　145

观点荟萃

直付现金的扶贫效果　148
为了兑现直付现金援助的承诺，我们需要在研究上加倍投入。

向可持续发展的惰性宣战　155
要保持可持续发展项目不偏离轨道，需要有新的心态、执行领导力和明确的公开承诺。

反对"巨额慈善"　161
慈善事业的投资人不应为了迅速见效而去追随最新一波的大额捐赠热潮，而应长期且坚定地支持那些致力于解决最重要的社会问题的组织。

研究

社区代表们在地区发展中的政治角色　167
抵制的政治　169
让环保少一些女性色彩　171
微贷公司的团队运作模式　173

书评

给予和得到——
《捐赠者：新镀金时代的金钱、权力和慈善》　175

向全民发钱——
《基本收入：自由社会和健康经济的一项激进计划》　178
向内移情——
《在工作中唤醒同情心：提升人和组织的宁静力量》　181
研究越深入，发现越糟糕——
《财务日记：美国家庭如何应对充满不确定性的世界》　184

最后一瞥

像保护生命一样保护水源　187

中文特稿

城市空间的创新策略：众建筑的设计与影响力　188

中文刊 02 期导言

价值、理性与文化：
社会创新的理论和方法

在本期《斯坦福社会创新评论》英文版的"编辑人语"里，埃里克几乎用了整个篇幅讨论美国公民自由联盟（ACLU）此刻正在面临的处境和正在发生的变化。正如他所言，《斯坦福社会创新评论》一般并不刊发时效性很强的文章，但本期关于美国公民自由联盟的专题文章《应对特朗普的挑战：未雨绸缪的美国公民自由联盟》显然有些不同。特朗普上台给美国社会带来许多不确定的变化，这些变化在某些方面正在偏离美国社会传统的主流价值观，由此造成一种深刻的社会焦虑。那些对特朗普心存疑虑的人，认为他的总统任期可能是对宪法权利和公民自由的一种威胁。这一点在美国公民自由联盟这个全国性组织近期发生的变化上表现得淋漓尽致：与特朗普上台相伴的，是这个组织在美国全国范围内的迅速发展与壮大。这篇文章呈现了在美国的社会语境下，人们如何从价值观出发自我组织起来以应对社会政治环境的变化。

在城市规划、组织设计、教育、公共卫生和高科技等领域，"共创"是否是一个实现突破性创新的好方法？在为期两年的研究基础上，本期的第二篇专题文章《实现突破性创新》就此归纳出一些规律。其中，转换决策者是一个关键因素，而变革往往是从系统的边缘开始的。

与美国众多以个人名字命名的基金会和慈善组织相比，在外部看来，中国的企业家在公益领域似乎更愿意抱团做事。本期第三篇专题文章《中国慈善的集体行动模式》对此进行了考察，其分析之中既有一些旁观者清的见解，亦有不少旁观者迷的误判。

本期案例研究栏目中的《土著人健康组织的革命性创新》则强调了社会创新实践中文化的重要性。同样是在美国，阿拉斯加州也许可以被称为"另一个美国"。和印第安人一样，阿拉斯加土著人曾经也是欧洲殖民主义实践的受害者。但阿拉斯加土著人自己创办的健康服务组织——中南基金会经过自己的努力，近年显著改善了土著人的健康状况，同时，还降低了当地医疗服务和服务利用两方面的成本。这个案例已经成为一个国际典范，他们成功的秘诀是将阿拉斯加土著人的传统治疗手法引入医疗服务当中。

本期的中文特稿《城市空间的创新策略：众建筑的设计与影响力》介绍了众建筑"策略性城市化"的社会创新，这些"为大众而设计"的创新产品将价值关怀、艺术与实用功能有机地整合到一起，不仅提升了人的居住空间和城市公共空间的物理品质，而且基于对城市的历史、社群的文化以及人的情感与精神世界的尊重，促进了人与人、邻里与访客、市民与城市的历史文化之间的现实互动。

任何社会都需要通过创新的方式解决那些实际出现的，也在不断变化的社会问题。而同样对任何社会来说，以规范的社会科学方法观察、总结、分析社会创新的经验，都是走向成功创新的必经之路。从这个意义上说，社会创新不仅是一个实践过程，也是不断积累的社会科学知识生产过程。

《斯坦福社会创新评论》中文刊编辑部

2017年11月10日

应对特朗普的挑战：
未雨绸缪的
美国公民自由联盟

作者：安东尼·D. 罗梅罗
格里·E. 罗赞斯基

译者：钱 堃

美国公民自由联盟（American Civil Liberties Union，以下简称联盟）是1920年诞生的一个保护公民宪法权利的民间组织，其总部设在纽约，网络遍布全美国。在"9·11"事件发生之前，联盟就提出了一项旨在拓展其地方分部能力的十年计划。今天，面对特朗普上台所带来的种种挑战，这一计划正在走向成功：联盟的募捐总额创出历史新高。作为美国宪法权利的重要捍卫者之一，它是如何做到这一点的？

2017年1月27日，特朗普签署了一项总统令，禁止七个穆斯林为主要人口的国家的公民入境，禁令对象包括持有有效签证的公民、已获准入境的难民，甚至持有美国绿卡的人。此时，联盟已经做好准备，通过法律程序反对这一举措，并与其他各界人士一起迅速发起声讨。与此同时，数以千计的美国人涌到全国各大机场进行抗议，要求释放数百名被扣押的旅行者。

禁令生效一天之后，一位联邦法官同意了联盟召开紧急听证会的要求，停止驱逐出境令，并命令海关官员提供因禁令而被扣押的人员名单。针对特朗普总统令发起的首次挑战取得成功。联盟兑现了在特朗普当选总统两天之后所做出的承诺："我们法庭上见。"

不出所料，特朗普上台第一个月就马不停蹄地推行一系列违宪举措——从移民权利、生育自由到LGBT（译者注：女同性恋者、男同性恋者、双性恋者和跨性别人群）权利均未能幸免。美国过去25年在维护公民自由领域所取得的进步，正面临毁于一旦的危险。特朗普的做法反而使得政治上中立的联盟及其非党派化的使命获得了前所未有的广泛支持，即在美国的每一个城镇、每一个州捍卫公民自由，维护美国宪法和《权利法案》。特朗普当选以来，美国公民自由联盟的会员人数增加到了160万，是原来的三倍。220万人订阅了美国公民自由联盟的电讯，并且这一数字还在不断增加。仅特朗普的旅行禁令一项就刺激了民众破纪录的捐赠热情：美国公民自由联盟收到了356000笔网上捐款，总额达2400万美元。

我们不得不承认，当初的确没有料到（甚至从来没有想过）特朗普会当选美国总统。不过早在15年前，我们却意识到，联盟需要一个明智、有策略的成长计划，以应对公民自由在未来可能面临的难以避免的危机。特朗普宣誓就职的第一周，联盟就遭遇了一场危机，但对此我们早有准备。

这里要讲的，就是后来被称为"联盟SAI计划"（Strategic Affiliates Initiative，以下简称"SAI计划"）的一场试验。这一计划耗时10年，在11个关键州投入3900万美元进行布局。正是这一计划的实施，才使联盟有足够的实力来应对特朗普任期内的挑战。我们已经开展的和即将进行的无数次斗争，将决定美国是否还是一个维护个人权利和自由的国度。

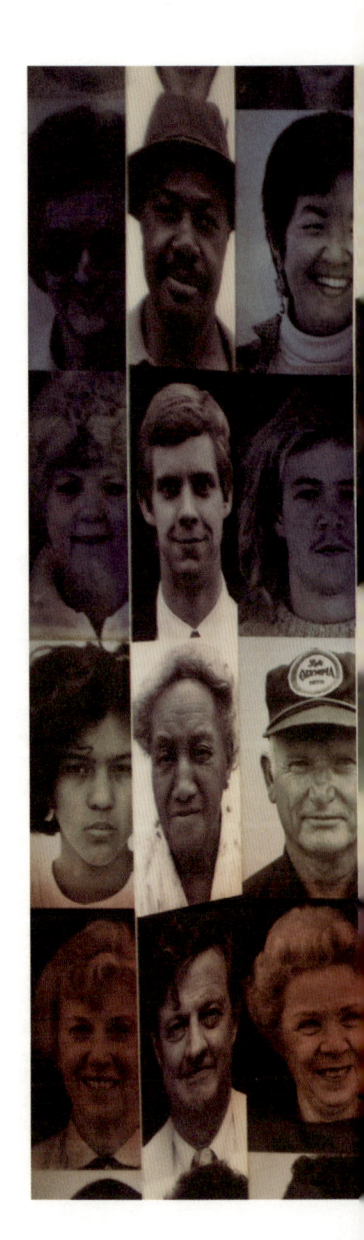

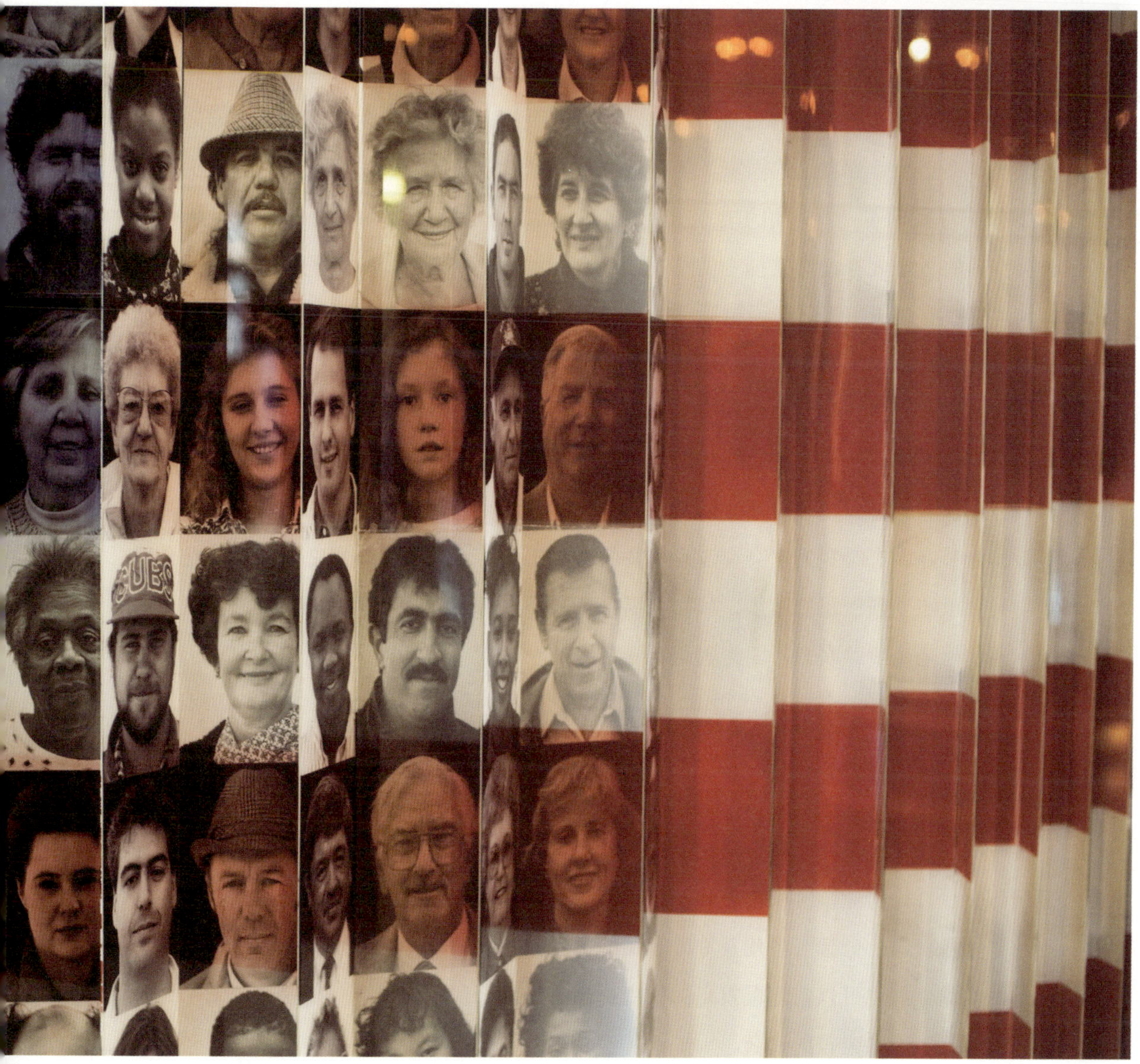

因地制宜的发展

美国公民自由联盟诞生于近 100 年前的另一场国家危机。"一战"之后，美国害怕俄国革命会蔓延到自己的国家。美国司法部长米歇尔·帕尔默分别于 1919 年 11 月和 1920 年 1 月发动了两次"帕尔默突击行动"，抓捕并驱逐所谓的激进分子。包括美国公民在内的数千人在没有逮捕令的情况下遭到逮捕和野蛮对待。500 多名外国人因政治倾向可疑或有激进主义之嫌而被驱逐。面对公民自由被恶劣侵犯，一群律师和社会活动家决定奋起抗争，美国公民自由联盟就此成立。

多年来，联盟已经从一个理想主义者的小团体成长为美国宪法权利的优秀捍卫者。今天，我们继续与政府的侵权行为做斗争，捍卫包括言论和宗教信仰自由、女性选择权、正当程序权利、公民隐私权等诸多领域的公民自由。我们为之而斗争的一些权利有时并不被公众看好，有时我们也会在没人出头的时候出头：民众情绪高涨之时，恰恰是公民自由最有可能受到侵犯的时候。尽管美国民众并非在每个问题上都赞同我们的观点，但他们还是越来越信赖联盟，因为我们始终在恪守原则。

联盟成立伊始，领导层就很清楚争取公民自由的运动必须进入地方。1929 年，创始人罗杰·鲍德温在联盟成立 10 周年之际呼吁："到了权力下放的时候了。我们要在全国各地建立分部。"

今天，在众多社会正义倡导组织当中，美国公民自由联盟显得很独特：因为我们在美国各州、哥伦比亚特区和波多黎各都设有分部。我们通过这些分部代理众多的案件，打赢了很多官司。分部与各州及地方官员的关系让我们可以在政坛上借力，有效地组织本地活动。分部也可以起到爆发点的作用：许多争取公民自由的斗争都是由分部率先发起，并由此发现了突破的机会。

由于联盟的分部发轫于自由市场的环境，因此各州的政治气候及社会财富总和往往会决定各个分部发展的上限。每一个分部的成长会很自然地趋向一个均衡点，即它的活动能力基本等同于其筹款水平。在这种动态关系中，联盟看到了机会：如果筹款增加，活动能力就会随之水涨船高。这一推论由安东尼·D.罗梅罗（本文作者之一）提出，他于2001年9月4日（"9·11"事件发生7天之前）正式执掌联盟。在罗梅罗接受这一职位之前，他已萌生这一想法，并向联盟内外以及海内外各方人士广泛征求意见。他上任后就开始布局机构成长计划。"9·11"事件发生之后，这一计划更加刻不容缓。计划的重点之一就是在全美国发展分部。为此，罗梅罗首先创办了一个新的部门——分部发展支持部，并任命2002年加入联盟的格里·E.罗赞斯基（本文的另一作者）为部门负责人。分部发展支持部不仅协助分部开展更多的法律、立法和公众教育项目，同时也在提升各分部的筹款和运作能力方面给予支持，以帮助它们达到新的均衡点。

更好地了解分部

15年前，联盟分部支持部尚未成立，当时总部没有人专职负责为分部提供技术支持或者指导。"任何总部工作人员都有责任协助分部"——这一高大上的目标意味着在问题（通常是财务问题）演变为危机之前，往往没有任何人承担责任。

自联盟创立以来，每个分部一直是自有员工和董事会的独立机构。各分部选派代表组成全美董事会决定项目政策。总部对分部的财务责任在很大程度上是通过一种共享模式下放的：全国发展部将所获捐赠与捐赠者所在州的分部共享，而分部筹措到的一部分资金也同样跟总部共享。在SAI计划启动之前，总部每年会分别为25个会员人数最少的分部提供一笔约为75000美元的"最低保障收入"补贴。这些分部因此被称为"最低保障收入分部"。

SAI 计划与以往模式的一个关键差异在于，其资金主要来自像纽约州、加利福尼亚州等战略性分部以外的个人捐赠者。这些捐赠者认识到，联盟在发展战略上需要对诸如得克萨斯、密西西比和佛罗里达这些州的保护公民自由运动提供支持。而要实现这一计划，就必须绕开常规的共享模式。

为了实施这项雄心勃勃的成长计划，我们首先对表现最为出色的分部进行分析，找出它们获得成功的要素。我们发现纽约和加利福尼亚这样的沿海州有机会得到更多的潜在投资，对此我们并不感到意外：美国的财富集中在沿海地区，而且我们发现这些地区的潜在捐赠者对联盟事业的认同感更强。

同样在意料之中的是，那些对公民自由的认同感较低的州的分部，如密西西比州分部，会员人数往往也是最少的，因此所获得的财务支持也最少。此外，很多分部基本上都只有一名执行总监和几名任劳任怨的工作人员，开展工作主要依靠当地志愿者和早已超负荷工作的总部法律顾问。即使在像得克萨斯这样的大州也是如此，蒙大拿、佛罗里达和密歇根这些大州的分部执行总监也要面对同样的分身乏术的窘况。

我们的分析证实了一点，即针对关键分部进行特别投资可能会对全美的公民自由状况产生巨大影响。这样做可以为基层的变革造势，同时也有利于联盟这一全国性组织的团结，以谋求进一步发展。

找到合适的标准

接下来需要制定一个策略。为了明确下一步该如何推进，我们设计了明确的内部和外部标准，来找出有哪些州可以通过注入资源来实现社会影响力的最大化增长。

就外部而言，我们的目标是那些人口流动性大、人口数量上升，而且少数族裔以及生活在贫困线以下的人的比例非常高的州。这些群体的公民自由长期以来一直处于最脆弱的状态，我们同时也列出了侵犯公民自由的案件数量和严重程度超出分部处理负荷的州。最后，我们核查了每个分部所在地是否有其他非营利组织正在提供强有力的法律服务和倡导项目。我们的目的是增加价值，而不是重复他人的工作。

内部筛选的标准包括分部是否有意愿和能力评估自身的优势和不足，并和总部保持了至少10年以上的密切合作。为了进一步明确对合作关系的要求，我们总结了成功分部必须具备的五种品质：公信力、遵守规则、有抱负、乐于合作和具备战略眼光。在这五种品质中，公信力或许是最重要的，因为我们有责任向许多个人捐赠者、基金会汇报资金用途。遵守规则也很关键，分部需要承诺改变过去的运作方法，并准备好长期遵循这一原则。

为了评估另外三种品质，我们向分部了解其运作项目的法律、立法、传播和其他相关方面将如何从机构的发展壮大中获益。我们也和负责全国性项目的法律顾问和总部立法办公室的工作人员进行面谈。此外，得益于分部支持部对各分部进行小额投资的早期经验，我们对各分部在资源管理方面的差异以及它们对发展目标进行战略思考的能力有了更深入的认识。

最后，我们筛选出了一些州，对发展和实施项目新模式进行测试。比如，我们在新墨西哥州设立了一个地区边境办事处，来应对包括得克萨斯、亚利桑那和加利福尼亚在内的美国西南部各州移民的公民自由和人权侵犯问题。

在分析了所有数据之后，联盟于2006年确定了首批接受SAI计划资助的五个分部：佛罗里达分部、密西西比分部、蒙大拿分部、新墨西哥分部和得克萨斯分部。后来，这一项目又增加了另外六个分部：密歇根分部、密苏里分部、田纳西分部、亚利桑那分部、科罗拉多分部和南加利福尼亚分部。尽管南加州分部资金充足，而且加州本身是一个民众思想比较进步的地区，我们还是特意将它加进来做一个尝试。我们在洛杉矶东部的"内陆帝国"（Inland Empire）地区开设了一个办事处，主要服务弱势的移民社群。（加州有三个独立分部，分别是南加州分部、北加州分部和圣迭戈及帝国县分部。为了便于联盟全国性倡导项目的开展，它们被统称为加利福尼亚分部。）

引入商业规划

和许多非营利组织一样，纳入 SAI 计划的分部有雄心勃勃的项目目标，但有时却缺乏对财务运转或者资源限制的现实评估。几乎没有一个分部具备完善的财会系统，即使是资源配置较好的分部所制订的项目规划，也很容易因为一场重大危机而偏离轨道。

因此，联盟第一步就是将商业规划引入每个分部的常规运作当中。从初期规划到 SAI 计划实施的整个过程中，阿维夫·阿维亚德是一个关键人物。作为一名顾问，阿维亚德数十年来一直为非营利部门提供财务和分析服务。阿维亚德拥有法律和经济学双学位，对各分部之间的技术差距，尤其是财务技术差距问题的了解和应对能力无人能及。阿维亚德刚开始只担任顾问，后来成为 SAI 计划的总监。

"我们的推论是，分部能力的增强和基础设施的改善最终会使得分部对于当地捐赠者更具吸引力，从而有助于维持更高层次的均衡。" 阿维亚德说，"全面提升分部的各项能力，它们就能筹到更多的资金，做更多的事。"

为实施这一振兴计划，罗赞斯基和阿维亚德选择了一种我们称之为"基金会 +"的模式，将基金会的资助架构和与"受赠人"（即战略性分部）之间开展紧密合作的"+"结合起来。2004 年，SAI 计划刚进入规划阶段，罗赞斯基和她手下的工作人员已经跟所有分部建立了密切的工作关系，战略性投资也已初见成效。除了顺利筹措到补贴给 25

个规模最小的最低保障收入分部所需的从 75000 到 115000 美元不等的资金以外，分部支持部还为如得克萨斯、密西西比这样的分部提供了 250 万美元的拨款，同时也为"9·11"事件之后联盟发起的全美"保障美国的安全与自由"行动拨款近 100 万美元。尤其值得一提的是，这些拨款中有 85 万美元用于支付之前没有法律顾问的 17 个分部聘请法律顾问的费用。

这些初期拨款为分部注入了新的活力，并且给分部运营情况带来了巨大的改善。例如，到 2005 年，得克萨斯分部在获得资金支持后不到三年的时间里运营预算翻了三倍，支持者人数翻倍，活跃会员超过 15000 人。这些成功证明了我们关于 SAI 计划的思路是正确的。

2005 年，阿维亚德正式加盟成为全职员工，与罗赞斯基共同着手实施 SAI 计划。他们向首批被纳入计划的 5 个分部提出的第一个问题是：如果一切从头再来，你们将如何重新建设这个分部？我们敦促分部去思考倘若从原来的防守型战略转型到对有悖于公民自由的法律法案主动出击的进攻型战略，有哪些方面需要改弦更张？这些问题的答案可以引导分部创造出有助于贯彻新政策的组织架构。

紧接着，我们开发了一个充分考虑分部筹资潜力的财务模式，制订了能够反映分部成长计划和财务预期的商业规划。商业规划的灵活性是关键——每两到三年，分部的商业规划都要更新一次用以重新评估之前的设想，反映当前情况的变化，并确定需要克服的障碍。

每份商业规划都包括三个关键评估标准，用以测定投资过程中的业绩变化：

- 会员人数增长——表明公众对于分部支持的增长程度。
- 媒体关注度提升——表明分部的项目与亟待解决的重大问题高度契合。
- 筹资增加——表明捐赠者对分部的影响力有信心。

总部与分部就 SAI 计划的预期效果和条款签订了谅解备忘录：分部承诺完成其政策议题方面的工作；总部承诺依据商业规划，为分部发展提供资金支持。

资金支持与报告体系

在落实这一联盟有史以来最雄心勃勃的投资的过程中，我们知道为了让所有利益相关者及时掌握分部的状况，有必要建立几项透明机制：第一，我们需要有可问责的预算制定程序；第二，我们需要一个既能定量又能定性的报告体系来体现项目产生的价值，并允许我们随时根据实际情况进行调整；第三，我们需要有一种合理的方式向捐赠者、利益相关者和各个分部证明这种责任明确的新方法所产生的影响力。

分部的预算申请是项目的基石，预算申请程序使得分部和总部之间能够就财政支出进行清晰的沟通。每个财政季度，分部向总部提交下一季度的申请。这些申请旨在使总部能够对季度拨款的详细支出进行逐项审核。此外，提前一季度提交预算申请减少了资金储备量较低的分部对现金流的担忧。我们将预算申请看作能确保每一笔财务拨款都能与分部的商业规划一一对应起来的一种机制。拨款的流向都是用来支持各分部经过深思熟虑的行动计划，如某个具体岗位的招聘或者新增/扩张办事处。

每个分部在被纳入 SAI 计划的第一年都会得到 100% 的资金支持。我们还建立了一个分级补贴体系来逐渐减少总部在每个财政年度的拨款，直到分部完全有能力维持自身发展为止（见图 1）。

当资金全部划拨完毕的时候——这一过程通常需要七八年——分部就"毕业"了。此时，各分部已经持续完成了有关项目、财务和领导力等一系列具体目标，完全可以在 SAI 计划不再对其追加投资的情况下维持更高水平的运作。除了密西西比分部之外，其他分部都已顺利"毕业"。（密西西比州由于捐赠人数量有限而无法维持关键项目，我们会继续通过分部支持部的拨款项目为其提供补贴。）

我们也需要建立同时包含定量和定性信息的透明的报告体系。量化指标包括各种运作和项目的标杆性数据，如已提起诉讼的新案件数量，在立法机构、捐赠现场以及电视和电台访谈类节目的曝光次数（见表1）。

此外，我们要求各分部每季度提交一次自我评估报告，内容包括组织和人事变动以及法律、通信和立法部门的最新情况。年度报告还需要涵盖分部的政策重点、实施SAI计划的障碍以及应对其他挑战的大局观思路。

这些报告不仅对联盟总部有帮助，对另外两类受众来说也很重要。首先，资助者们

对分部进行补贴

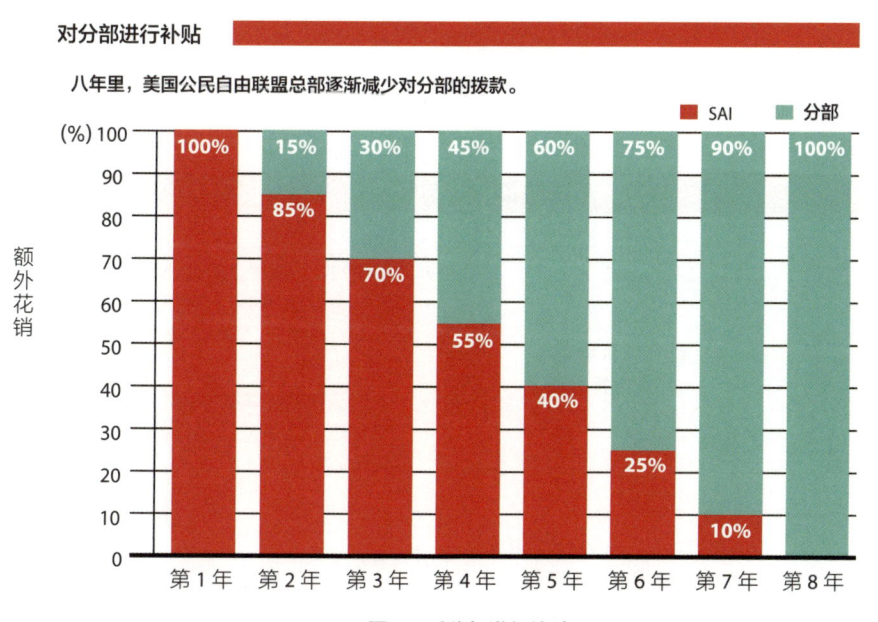

八年里，美国公民自由联盟总部逐渐减少对分部的拨款。

年份	SAI	分部
第1年	100%	—
第2年	85%	15%
第3年	70%	30%
第4年	55%	45%
第5年	40%	60%
第6年	25%	75%
第7年	10%	90%
第8年	—	100%

（纵轴：额外花销 %）

图1　对分部进行补贴

（特别是桑德勒基金会）很重视联盟的高度可问责性以及有关分部活动的第一手信息。其次，各分部董事会也开始利用这些报告来履行其信托责任和机构监管责任。这一治理工具加强了各分部对其董事会负有的内部问责能力，利于董事会做出更具战略性的决策。从 SAI 计划中"毕业"的各个分部继续向各自的董事会提供各类信息更新，而许多并没有加入这一计划的分部也已采用了这一报告体系。

除了每季度一次的工作汇报，分部支持部的持续协助也是实施 SAI 计划不可或缺的一部分。阿维亚德和罗赞斯基每个月都跟分部管理团队通话或者有至少两次的会面，以随时了解所面临的挑战和问题、提出建议并根据情况变化调整商业规划。在项目的推

表 1 定量报告信息
分部需要提交的定量信息类型范例

投入	成果	指标
增聘法务人员	结案数量与庭外和解数量上升	• 待审核的诉讼案件上升至 50 例／年 • 调查中的潜在案件上升至 50 例／年 • 提出诉讼前提交"要求改动"律师函上升至 45 封／年 • 与 4 所法学院达成实习项目合作关系 • 法院裁定对方所支付的律师费上升至 14 万美元／年
扩大律师见面会议规模	律师对公民自由问题和联盟的法律议程有更多了解。联盟聘请律师来处理案件	在既定环境下的理发和等候理发的过程，同时提供服务和教育

进过程中，几乎每个分部都发现有必要对商业计划进行一定的调整。例如，新墨西哥分部意识到，与原计划在圣塔菲市设立办事处相比，让一名居住在阿尔布开克的工作人员每天通勤60英里（约97千米）既可以达成目标，还能节约一笔经常性支出。

合作的附加价值

当联盟总部设立分部支持部门的时候，许多分部已经运作了50年以上，但却没有明显的发展。罗赞斯基发现，不止一个分部的组织结构10多年来没有任何变化。因此除了最先进的州分部以外，大部分分部的筹资水平停滞不前就不足为奇了。

SAI计划的试验表明，战略性投资不仅可以获得更多人力资源，还能产生更大的影响。例如，新墨西哥分部的会员人数增长并不是因为其聘请了一名会员拓展专员，而是因为增加了负责法律、政策和通信的员工，从而提升了组织效率和公众形象。随着机构声誉的提高，分部吸引了更多客户、捐赠人、会员甚至求职者。其结果就是新墨西哥分部不再需要SAI计划的补贴，密苏里分部也因为会员人数和筹资都有了可观增长而被归入中等发展水平的分部之列。

在过去的10年里，SAI计划对分部的投资，使得几乎所有评估指标都有了迅猛增长，如处理的投诉数量，捐款金额以及电视、电台采访次数（见图2）。11个战略性分部的工作人员总数也实现了骄人的增长，共增加大约200人，比SAI计划启动之前增长53%。

但能力增强绝不是简单地体现为雇员人数、立案数量甚至是筹款金额的增加，还体现为项目的质量、平衡性和有效性的增强。各战略性分部正在诉讼、通信和政策倡导方

参与 SAI 计划的分部影响力得以增强

对战略性分部的投资刺激了分部在可评估成果方面的长足进步（以下所列数字包括了所有参与 SAI 计划的分部）。

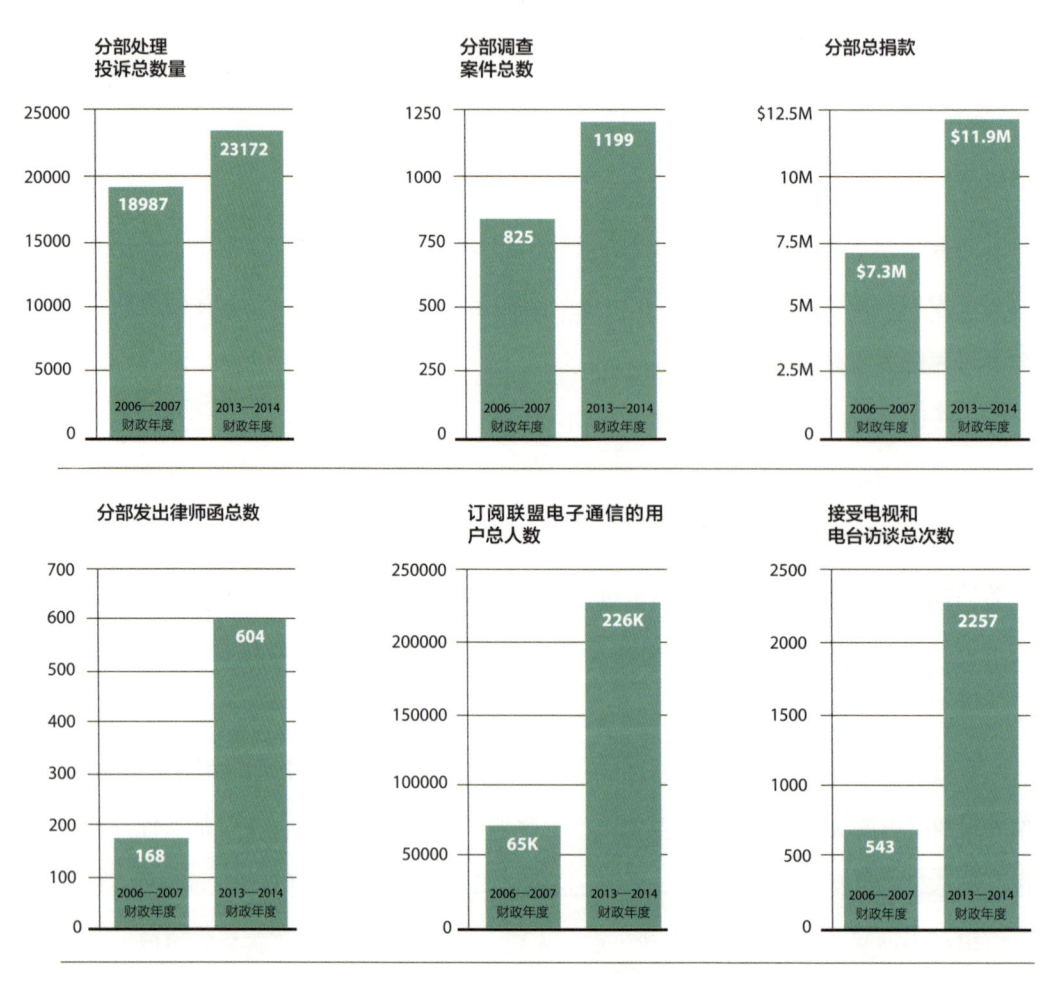

分部处理投诉总数量

财政年度	数量
2006—2007	18987
2013—2014	23172

分部调查案件总数

财政年度	数量
2006—2007	825
2013—2014	1199

分部总捐款

财政年度	金额
2006—2007	$7.3M
2013—2014	$11.9M

分部发出律师函总数

财政年度	数量
2006—2007	168
2013—2014	604

订阅联盟电子通信的用户总人数

财政年度	人数
2006—2007	65K
2013—2014	226K

接受电视和电台访谈总次数

财政年度	次数
2006—2007	543
2013—2014	2257

图 2　参与 SAI 计划的分部影响力得以增强

面开展通力合作，让联盟的工作得到更多关注。这些分部也已经各自形成了强有力的发展和管理团队，以确保项目的可持续性和有效性。

SAI 计划不仅让参与其中的分部有勇气摒弃过去收效甚微的做法，还为它们提供了可以自信地应对未来的工具，因为这些分部知道 SAI 计划就是它们的安全网。密歇根分部执行总监卡莉·莫斯说："SAI 计划让我能够放下包袱，大胆向前，发挥创造力。"比如，她聘请了一名调查记者对密歇根州颇受争议的《紧急事务官法》（Emergency Manager Law）展开深入调查，而这最终导致"弗林特水危机事件"的曝光（译者注：2016 年 1 月 17 日，密歇根州弗林特市水源遭到铅污染，美国总统奥巴马宣布当地进入紧急状态）。另外几个分部也正在考虑聘请此类调查人员。

除此以外，这 11 个分部在组织能力和领导力方面的提高让它们对基金会和个人捐赠者都更具吸引力。这对未来的可持续发展而言是个很好的苗头。例如，密歇根分部就明确地将参与 SAI 计划看作一种筹资营销手段。莫斯说："我对捐赠者说，总部之所以选择对我们投资，是因为密歇根州在全国版图中的位置举足轻重。然后，人们就会加入进来，帮助我们实现目标。"在加入 SAI 计划四年之后，密歇根分部借助来自总部的投资顺利完成 2008 年筹款 600 万美元的目标，比预期多筹款 200 万美元。

SAI 计划的成功带来的另一个可预见的影响就是 11 个分部之间的协同效应，这同时也改变了那些非战略性分部的工作方式。我们把 SAI 计划中用到的方法都放到内网上，计划伊始就在年会和地区会议上分享分部计划的成功经验。许多非战略性分部的总监也开始使用我们的组织结构图和商业规划。其中三个分部——马萨诸塞分部、新泽西分部和佐治亚分部——正在实施的事业规划直接参照了我们的项目规划。同时，所有分部领导者都在以一种更具战略性、更雄心勃勃的方式思考一个问题——如何通过运用更成熟的策略将诉讼、公众教育和政策倡导项目整合，来推动重点工作的开展。

从整体来说，SAI 计划激发了各分部之间高度相互协作的新机构文化。例如，2013 年，包括 7 个战略性分部在内的 15 个联盟分部开通了对外电话呼叫中心，以帮助抵制阿尔布开克市就禁止堕胎进行的投票表决提案。该提案一旦获得通过，将会是全美首次明令禁止堕胎。"从全美大格局着眼，各分部协同合作"是总部和分部工作人员共同遵循的标准作业程序。

挑战和经验总结

SAI 计划启动十余年来，我们明白事业规划绝不能生搬硬套，要有能力根据分部的具体情况灵活调整，确保投资尽可能得到充分利用。这种灵活性包括帮助管理者转变角色，针对快速发展期特有的问题迅速调整，以及在人员配置和发现人才、留住人才方面下功夫。

第一，随着分部的发展和运营体系的逐步完善，许多老资格的执行总监发现自己的日常工作内容发生了重大改变。在这个时候对他们进行指导，可以帮助这些总监顺利完成角色转变，转而关注新的技能组合，更好地为成长中的机构服务。

莫斯说："SAI 计划让我可以去做自己最擅长的事情，从日常琐碎事务中脱身，专心处理外部关系。"她在加入 SAI 计划的第二年聘请了一名副总监和 6 名其他员工，决心通过建立一个经营团队——而不是分别与六七名高级员工直接工作——来提升效率。随后一年，他们逐渐适应了团队化工作和团队化决策。现在回想起来，莫斯觉得自己应该花更多时间对员工进行管理方面的职业化培训,即如何反馈、如何使员工对自己的工作负责和如何制定绩效并改进计划。

跟莫斯一样,佛罗里达分部执行总监霍华德·西蒙(Howard Simon)也很喜欢这种"适时的成长战略支持":他的分部从 2005 年便开始了艰难的扩张之路,希望在奥兰多和彭萨科拉成立联络点,而这一"适时的成长战略支持"则让他能继续走下去。一名副主席的加盟让他有更多的时间开车跑遍全州,去跟捐赠者见面。当然一开始,内外信息的同步与一致变得困难了。所以他先承担起了类似信息传媒经理的角色,与负责法律业务和外联部门的员工一起工作,确保内部沟通与对外交流的顺畅,一直到形成良好的新工作规范。

第二,SAI 计划的早期经验告诉我们,不管对分部还是对整个计划而言,发展太快都可能产生负面影响。"联盟很喜欢聘请律师——这也是我们擅长的事。"亚利桑那分部执行总监亚历山德拉·索莱尔(Alessandra Soler)说。但是她提醒道:"在你的业务发展部门人员到位之前,不要招聘律师。"她曾聘请过分部有史以来第一位发展总监,这位总监为分部弄到了成立以来的第一份六位数的捐赠。这让分部的项目得以及时启动,使分部可以从容应对亚利桑那州新的反移民法带来的挑战。

在得克萨斯州,执行总监泰里·伯克(Terri Burke)在拓展边境业务的需求和设立达拉斯联络点的想法之间进行权衡之后,最终决定搁置达拉斯计划,将工作重心放在与新成立的新墨西哥州地区边境权利办事处开展合作上面,因为她知道鱼与熊掌不可兼得。联盟正计划将这个办事处迁往埃尔帕索,因为边境事件正在由新墨西哥州转移到得克萨斯州。得克萨斯州分部也已经成长起来,足以应付必要的组织和推广工作。

鉴于这些早期的经验和教训，我们学会了对事业规划进行调整来支撑分部温和且有机的增长。尤其是我们意识到，原先预计的五年投资周期不能给所有战略性分部足够的时间来制订发展计划、实现可持续性。我们最终认为，七到八年的时间更加切合实际。为此我们还决定对每个分部追加投资，这直接限制了第二轮加入SAI计划的分部数量（6家），战略性分部的总数达到11家。

我们发现控制增长速度也可以让各分部更好地管理招聘程序，完善基础建设以支撑成长、减少员工角色转变和责任改变造成的混乱。

第三便是人才招募与培养的困窘。尽管大多数分部总监对聘请法务人员，或者至少对跟律师志愿者合作的程序比较熟悉，但仍有部分总监是首次尝试创建自己的业务发展、传播和政策团队。尤其是在这些分部想要增加发展部门人员时，就会发现，本地非营利组织在这一方面的人才储备不足，而联盟在薪水和职业发展机会方面又无法与大学这样的大型机构竞争。除此以外，那些表现出色的应聘者们通常不愿意单枪匹马地工作，而那些处于事业发展早期的应聘者还难以应付项目成长带来的转变。

另外，那些之前来自其他机构的业务发展人员对联盟的捐赠文化有时难以适应。因为不同于其他非营利组织，非党派的联盟既不接受政府资助，也不把接受企业捐赠或者举办大型募捐活动作为主要筹款手段，我们的主要募捐渠道是以对我们的使命充满热情，并希望支持具体项目的个人为对象进行一对一的游说。

面对上述挑战，我们要如何应对？首先，各分部要更具雄心，因为分部取得的成就越多，受到的关注就越多，对所有领域内的顶尖人才而言就越具吸引力。其次，要更加注重从内部寻找合适的人选。例如，密歇根分部副总监在一名同事离职后转任发展总监，原来的传播总监则接替了他的位置。这样的举措使得员工在保留机构内部工作经验的同时也能掌握新的技能。"你不需要会使用数据库。"莫斯说，"但联盟必须刻在你的基因里。"

得克萨斯分部也按照同样的思路从现有员工中选拔政策及倡导团队成员，各分部之间的人员流动从未停止过。例如，南加州分部新上任的慈善总监来自新墨西哥分部。由于对联盟事务和 SAI 计划都很了解，她一到任就快马加鞭地投入工作。

战略性成长并不一定意味着"堆钱扩大规模"，要获得同等程度的回报也并不需要对所有分部都进行等额或相同类型的投资。我们发现，根据可持续性、组织能力和政治环境的不同，对某些领域进行少量的关键投资就可以收到极好的效果，并为组织带来整体改善。例如在田纳西州，增聘一名行政专员的同时对员工进行培训的做法就让分部成绩斐然——这会比多请几名律师能更好地提升业绩。田纳西分部的组织管理能力增强切实改善了业绩，进而大人增强了分部为争取种族平等的行动筹款的能力——要知道，推动种族平等是田纳西州的重点工作。

分享认识

我们认为，只要是设有州分部或者会员网络的全国性组织，无论正式与否、规模大小，抑或那些甚至还未形成网络的组织，都可以从我们学到的关于组织成长和领导力的经验教训中获益。事实上，应 SAI 计划最大的资助者之一桑德勒基金会之邀，我们跟基金会的另一家资助对象分享了我们的心得。这家机构就是广受尊敬的研究与政策机构——美国预算与政策重点研究中心（the Center for Budget and Policy Priorities）。

该研究中心正试图加强自身的州际网络建设。

在过去几年里，预算与政策重点研究中心负责州财政政策的高级副总裁尼克·约翰逊（Nick Johnson）与罗赞斯基会面，以进一步了解SAI计划模式，以及如何将这种模式应用到研究中心的州际网络建设中。后来，约翰逊开发了自己的SAI计划——研究中心战略发展项目，并最终将州际网络改造成被誉为"对立法者、媒体和政策倡导组织极为重要的资源"的"优先伙伴计划"。

约翰逊说，他学到的最重要的一课就是：从一开始就注重组织管理，可以获得最大的收益。尽管他承认，非营利组织有其"独特的运作方式"，但没有理由在培育卓越管理能力和增强领导力方面向商业部门低头。他还建议："不要仅仅为了打赢某一场战斗而去资助机构。投资领导力才能获得你想要的成功。"

如果没有桑德勒基金会高瞻远瞩的投资，不管是战略性分布计划还是战略发展项目都是不可能实现的。桑德勒基金会长期以来信奉一条原则，就是投资非营利部门的基础设施建设可以产生等同，甚至大于直接资助政策倡议所产生的影响。这一高瞻远瞩的做法最近得到了响应型慈善全国委员会（the National Committee for Responsive Philanthropy）的认可，并获得其颁发的2016年度最具影响力奖。这家基金会在领奖致辞中表示："如果可能的话，我们希望慈善捐助机构投入更多的资源来提升受赠机构的长期能力，大力削减在短期项目上的投入。大家都关心的问题不会在两三年内'得到解决'。即使短期内取得了胜利，这些问题还是会以新的、不可预知的方式重新出现。"

前方的路

2006 年启动 SAI 计划的时候，联盟的目标是让分部可以成功应对未来的挑战，包括那些当时还无法想象的挑战。我们的下一步是向"SAI 计划 2.0 版"演进，即在关键州建立足够的支持基础，发动联盟迅速增长的会员队伍来帮助联盟在各州乃至全美赢得立法之战。

SAI 计划 2.0 版和原先的计划不大一样，它将主要关注组织转型，而不是机构的可持续性。联盟将投资内部团队和各种专业服务的融合，从而提升在州一级和联邦一级推进协调倡导、投票和分析的能力。这些能力对获得无党派政治性胜利非常根本。最早进入这一阶段的分部是佛罗里达分部、佐治亚分部、俄亥俄分部、宾夕法尼亚分部和得克萨斯分部。联盟还计划对另外 10 个代表红色、蓝色和紫色投票模式的分部进行投资（译者注：红色州、蓝色州、紫色州分别代表共和党支持州、民主党支持州和没有明确支持倾向的州），抓住出现的机会，应对最亟待解决的威胁。

SAI 计划 2.0 版的规划早在特朗普当选之前就已启动，在他当选之后变得尤为迫切。从 LGBT 权利的倒退到停止资助美国生育健康服务联合会（Planned Parenthood），再到取消美国司法部对警察滥用职权的监督,特朗普的一系列政策可能会对数百万美国人的生活带来令人痛心的影响。

"现在风险很大。"西蒙说,"可能会有更糟糕的公共政策提案出台,这些提案无疑会影响其他州的决策过程。SAI 计划 2.0 版可以为我们提供与之斗争并取得胜利所需的资源。"

作为 SAI 计划 2.0 版参与州之一的执行总监,西蒙并没有坐等坏消息上门,而是利用资源在部署防御的同时主动出击。他已经雄心勃勃地将刑事司法改革提上议程。同时,他正领导着一场旨在恢复约 160 万名佛罗里达人投票权的投票倡议。这些人由于当年《吉姆·克劳法》(Jim Crow laws)终身禁止有重罪前科的人投票而丧失了投票权。

毫无疑问,SAI 计划改变了美国一些争取公民自由最艰难地区的版图,并且提升了美国公民自由联盟分部的整体水准。与此同时,它增强了联盟的集体力量和政治影响力。今天,特朗普当政给美国的宪政带来了威胁。但同时我们也知道,此刻是美国公民自由联盟成立近 100 年来最强大的时刻。在特朗普离任后很长的日子里,我们还会在这里继续捍卫所有人的权利和自由。

安东尼·D. 罗梅罗(Anthony D. Romero)
美国公民自由联盟执行总监
格里·E. 罗赞斯基(Geri E. Rozanski)
美国公民自由联盟分部支持与全国计划部主任

作者在此对艾米莉·维特菲尔德(Emily Whitfield)女士在研究和编辑工作中的付出表示感谢。维特菲尔德女士是一名为非营利组织工作的公关顾问,于 1997—2007 年担任美国公民自由联盟媒体关系部主任一职。

实现
突破性创新

作者：乔安娜·莱维特·塞亚
杰丝·里明顿

译者：陈智勇

───────── 非营利组织、社群团体和慈善家在解决棘手问题时，正在将共创（cocreation）作为一种吸引更广泛社群参与的方法。但是，其中很少有能够引起系统变革或者颠覆常规做法的解决方案。那么，如何才能实现突破性创新呢？

在过去10年里，人们对合作、开放式创新和大众参与的兴趣有了爆发式增长。许多商业公司正在摒弃封闭、自上而下、倚重专家的产品与服务开发模式，转而采取公开、众包、由用户驱动形式的创新策略。同样，非营利组织、慈善家和社群团体也正在将"共创"作为解决日益复杂的世界中棘手问题的方法。

然而，尽管"共创"已经成为一个流行词，只有少数组织正在应用共创策略进行大胆创新。我们对来自设计大赛和开放式创新的解决方案欢呼雀跃，但其中很少有能够引起系统变革或者颠覆常规做法的解决方案。尽管所有关于共创的说辞都把它作为创新的重要工具，但就目前而言，绝大多数的"共创"几乎无力去挑战解决问题的基本结构。与此同时，如果要解决诸如气候变化、极端不平等和贫困等棘手问题，我们迫切需要重构几乎做每一件事的方式。

我们在非营利和商业部门进行了一项为期两年的跨学科研究，探索共创设计过程。我们得出的结论是，只有一小部分共创实实在在地产生了与需求相符且回应参与者当务之急的变革性解决方案，更不用说这些方案所能提供的创新的可能性了。我们不禁要问，为什么绝大多数的共创努力都未能实现其承诺和潜能？为此，我们开始寻找答案。

我们深入城市规划、组织设计、教育、公共卫生和高科技等领域，寻找在共创设计中想方设法让更多社群来参与共创实践决策的例子。在非营利和商业部门中，通过共创在创造和决策过程中容纳更多不同声音的做法是否真的能打破现有模式？我们对此很好奇。换言之，我们希望知道这些努力能否冲破创新所面临的阻碍。这个问题的答案是"可以"。

识别突破性创新

我们在研究中发现，几乎在每个领域都能看到这样的实例：各团体因为在共创活动中有意识地转换了决策者，而在其领域里产生了超越现有创新的结果。**我们把这一现象称为"突破性创新"**（Breakout Innovation）。举两个例子。

2005年，美国新奥尔良遭受卡特里娜飓风袭击后，传统的规划方法不能将各种重建方案整合成居民们都认可的统一框架，而这一条是获得联邦政府重建资金的先决条件。这时，一家叫作康卡迪亚的本地建筑规划公司领导了一场替代性规划过程。康卡迪亚邀请了9000多名新奥尔良居民直接参与重建规划，把他们作为研究者、设计者和最终决策者，由他们自己研究、设计和选定实施方案，以及决定如何实施。通过这一规划过程形成的新奥尔良重建方案虽然只用了7个月时间，却得到了各方的热烈拥护，最终获得批准成为正式的重建框架，为新奥尔良过去十年的复兴起到了关键作用。

2013年，加利福尼亚大学旧金山分校心内科发起了健康心脏电子网络研究。研究负责人决定采取一种与传统心脏疾病研究截然不同的方法，与几家倡导组织[1]合作创立"患者驱动研究网络"（Patient-powered Research Network），使心脏病患者与其他患者、研究者、医生以及医疗服务人员之间能够相互协作。健康心脏电子网络引爆了很多有趣的问题，针对其中许多问题的研究都已得到全面资助。这些研究成果与改善患者生活质量之间的关联性非常高。

以上两个案例都是实现突破性创新的例子。我们将突破性创新的行动者定义为能够实现下列事项的群体：

- 与目标系统的需求和可能性高度一致的有效设计。
- 提出能够迅速从概念落地到实操，并获得广泛使用的解决方案。
- 通过转换权力分配方式来激活系统内更多的创新者，永久性改变系统动力，从而让更多的参与者能够发挥创造性领导力。

我们在所有突破性创新的案例中看到的一个普遍特点是它能产生比实际计划、产品或项目本身更深远的影响。突破性创新的过程会改变参与者和他们所在的系统，同时拓展他们未来的创新能力。

我们发现，实现突破性结果的行动者的"共创方式"与其所在领域里的主流实践方式明显割裂。让我们震惊的是，许多共创领域里高大上的概念，包括那些被大张旗鼓宣传的所谓最前沿实践方法，如"集合影响力"（collective impact）、"众包"（crowdsourcing）和"设计思维"（design thinking），实际上并没有明显地远离现状，特别是在遇到需要改变权力、发言权和所有权分配方式的时候。相反，突破性创新行动者往往处于其所在领域的边缘。就系统理论来看，这是有道理的。作家戴维·博利耶（David Bollier）

认为，那些处于边缘的人可以不受现有系统的限制和评判地进行创新。也就是说，系统变革只能从边缘开始。[2]

那么，我们从那些处于系统边缘的行动者通过共创来引领创新的案例中可以得到什么结论呢？我们接下来回答这个问题。

突破性创新的五大实践方法

我们的研究从调查 70 多家参与共创或者对共创过程感兴趣的组织开始，随后组建了一个共同学习小组，由 20 家我们确定直接参与了突破性创新工作的组织组成。这 20 个行动者[3]中包括商业企业、非营利组织、社会企业、慈善基金会、影响力投资者、草根社群团体以及社会运动团体。[4]

我们与这个共同学习小组一起找出每一家组织与突破性创新相关联的核心实践方法，这些突破性创新对组织的工作模式来说尤为关键。我们找出了被跨领域广泛应用的五大实践方法。我们相信，这五个方法帮助组织打破了常规运作模式，甚至跳出通常意义上的创新的自我设限，进而释放解决棘手社会问题所需的重大突破。

需要指出的是，这几个实践方法并不具有二元特征。也就是说，针对某一创新过程，任一实践方法都不是导致成功结果的决定因素。这 20 家与我们一起工作的组织强调，每一个实践方法的关键都是通过持续努力去寻求平衡的解决方案。

实践方法一：分享权力 | 许多众包、开放式创新和征询意见的过程都会寻求利益相关者的参与，但极少情况会与他们分享权力。分享权力意味着在创新过程中，把决策、创造、实施和评估的权力同参与者一起分享，消除设计者和消费者、专家和受益者之间

难以逾越的鸿沟。

　　数十年来的参与式行动研究揭示了当权力被分享时，对所需解决问题的洞察力会显著加深。因此，参与者并不仅仅是被探究的对象，而且可以作为研究者、分析者和决策者[5]参与创新过程。消费科技行业有关共创的新研究进一步证实了这一动态关系。那些开放传统内部流程、邀请消费者设计新标识，或为新模式提出点子的公司，正是那些增长和占领市场份额最快[6]的公司。

　　我们也从仿生学研究中得知，当一个自然系统里的权力集中时，这个系统的恢复能力会减弱，并变得越发脆弱。[7]最近的人类学研究结果表明，早期人类社会中，角色和等级会经常转换，这样能够不断带来新的视角，对做出明智判断、防止社会结构僵化[8]非常关键。许多土著民族现在还在继续实践这种角色的流动性。

　　我们很容易发现，在今天的许多创新过程中缺乏对权力的分享。与之相比，过度分享权力虽然不算普遍，但也存在真正的风险。当组织把"权力分享"诠释为人人均可自由参与、个个说话分量相当时，有关达成共识的全面试验就走歪了。在没有深思熟虑地设计好角色和流程规则的情况下分享权力，只会造成混乱、迟滞，甚至不公正。那些受到某一决策影响最大的群体却可能没有同等权重的发言机会。

　　英柯瑞吉镇是位于威斯康星州的威斯康星拉皮兹的一个社区。英柯瑞吉镇的故事体现了作为突破性创新的行动者如何平衡地分享权力。数十年来，该镇的经济支柱是联合纸业，但是这家公司于 2000 年被出售，导致该镇失去了将近 40% 的工作岗位，中等家庭收入也急剧下降，居民信心同时受到很大打击。英柯瑞吉镇购买了《每日论坛报》（*Daily Tribune*）的前总部大楼，提议由居民决定未来如何使用这幢建筑。英柯瑞吉镇的工作人员克丽丝蒂·安德森（Kristi Anderson）说："我们对建筑设计过程中居民的所有权和决定权做出了承诺，他们还有权决定这幢建筑的未来。"

截至2012年，共有2000多名居民参与了设计过程，积极参与并共同决定《每日论坛报》前总部大楼的未来。为期两年的设计阶段包括：深入到社群的不同组成部分；召开月度会议，将居民们分成小组，由居民自愿担任主持人来自主引导小组讨论；细致收集并分享每次月度会议上形成的想法；决策过程使用数值加权和投票的综合方法，并通过小组回顾、达成共识来确定提议方案的优先次序。

最终形成的方案将《每日论坛报》前总部大楼的功能定位为"社群发展加速器"，其目标是刺激地区发展机遇、环境可持续性，建立以社群利益为目标的各种纽带关系。但是，比这座建筑更重要的是，居民们通过设计和决策过程，在社群内逐渐形成了变革和领导意识。

以下是五种分享权力的方法：

- 与其他参与者一起定义目前的问题。
- 信任所有参与者，为他们提供与项目相关的全部信息，包括整体情况和限制条件。
- 支持参与者发掘自身的真实领导力和所需的架构，同时开放他们承担多种角色的可能性。
- 创造一种通过激励权力分散，来产生创造性投入的环境。
- 共享所有权，包括可以分享回报的共有模式。

实践方法二：关系优先 | 对一个组织眼前的工作和未来可能面对的挑战来说，关系（relationships）都是其最大的财富。形成并维系强有力关系的关键是建立"公平交易"，我们把它概念化为"共同承诺"（co-commitment）。有关众包的研究显示，激励大众参与到众包过程中的最突出因素之一是参与者是否认可这个过程是公平的。[9] 其中重要的考量因素包括：决定是怎样做出的，参与者提供的投入有什么结果，参与者对最终产品有何种使用机会，每个人都要遵守的基本规则是什么。我们从突破性创新行动者那里看到，共同的价值、承诺和期望始终处于核心地位，是他们参与共创行动的基石。

如果在一开始就与参与者形成共同承诺，承诺的内容就会成为大家在整个过程中可以不断回顾的、强有力的检验标准，促使整个过程不跑偏，共同承诺就会成为围绕一个创新过程聚集起来的新兴社群的黏合剂。

如果在创新过程中不把关系放在优先地位会出现什么问题呢？举个例子，设计者要求参与者提出想法，或者参与迭代原型的测试。整个过程完全是事务性的，并没有考虑参与者的利益而将关系置于优先地位。虽然设计者与参与者之间的互动彬彬有礼、热情有加，但当关系仅被看作获得预设结果的手段，那么无论是集合创新（collective innovation）还是韧性的培养往往都不可持续。然而，如果不能在深思熟虑后才加以应用，关系优先也有其黑暗的一面。例如，一家组织可能把与其共事舒心、顺手的人的关系置于优先地位，从而陷入小集团间的相互挤压、裙带关系，或者根据个人喜好做出决定等问题之中。

克拉斯基金会在其突破性创新的实践中展现出了一种平衡实现关系优先的方法。基金会发现，制定严格的战略和决策标准可以与建立深入的关系和组织文化的过程结合起来。基金会的创始人兼主席法尔哈德·艾布拉希米（Farhad Ebrahimi）说："我们相信在两端之间有一处最好的位置，能保持有机灵活性和严格策略之间的创造性张力。对我们来说，实现这一平衡的关键在于将关系置于优先地位。"

这意味着克拉斯基金会的项目人员不仅与其受助方围绕资助进行沟通，而且要参与到他们的项目和倡议活动中，与他们建立真实的关系和友谊。艾布拉希米说："对我们来说，一开始就要花时间和我们支持的社群里的组织在一起——这绝不是慈善术语里毫无人情味的'现场考察'，而是真的把这些项目人员和社群成员作为完整的'人'来打交道。"

基金会所培育的这些关系鼓励了受资助方无论在正式或非正式的情况下都能提出新的创意、挑战和批评。正如艾布拉希米所说："这些关系激励，也可以说是要求我们去重新思考资助工作的大部分内容。"

以下是在设计过程中将关系置于优先地位的五种方式：

- 花时间关注过程中的每一个人。
- 从项目一开始就建立起"共同承诺"：建立每个人都赞同的清晰承诺、基本规则和实践方法，并将它作为项目回顾时的检验标准。
- 建立共同体意识。
- 培养超越一个特定项目的纽带关系。
- 学习并谋求一种以相互关系为中心的世界观。

实践方法三：有效利用异质性 | 今天大多数组织都认同异质性，这不仅是组织内部的需要，而且与它们一同做事的组织和人员也需要。但是，很少有组织能超越对待异

质性的浮于形式的包容，而这种包容的深度往往与成员的多样性有关。

有关众包的动因研究表明，如果一个群体或者利益相关者团体中只有一种类型的行动者，是不利的。多种视角，包括那些往往被排除在外或被噤声的意见，对产生创新所需的洞察力[10]非常重要。然而，结果不尽如人意的原因既可能是由于团队多样化程度较低，也可能是由于管理水平较差，无法支持大家在存在差异的情况下有效工作。换言之，只有组织者对各个参与流程进行深入思考和精心设计后，才能利用异质性取得好的成果。

异质性的重要性可以部分地由一项数学原理来解释：当一群足够多和背景足够多样化的人被要求独立做出预测或评估时，每个人提供的回答中的误差相互抵消，然后留下最准确的信息。[11]然而，如果每个人的想法并没有受到挑战的话，那么这个团体的水平不会超过每个个体思考的起点基线。因此，混合使用独立参与和集体反思的创新过程可以把异质性的效果发挥至最大，而且最终极有可能产生真知灼见。

缺乏异质性的情况多种多样。一个普遍的例子就是在实际决策层中缺乏多样性。那些流于口号的异质性——例如组织声称要实行多样化，但仅是象征性地做一些面子上的改变——都是无济于事的。它们可能让人口统计上的多样性有所改变，但机构在实践方法上并没有什么变化，然而这正是让不同视角、知识和创意中的丰富性得以被表达、接纳、执行所必需的。

乔尔迪克思是一家领先的开放性创新公司。这家公司和它的首席社会科学家莎伦·麦金太尔（Sharon McIntyre）的工作展示了作为突破性创新的行动者如何有效利用异质性的平衡方法。麦金太尔与喀麦隆电力设备公司艾尼奥（Eneo）合作，帮助这家公司的员工参与到解决一系列运营问题的工作中。这些运营问题给它的客户造成了麻烦，包括长时间停电、变压器爆炸，由此也给当地商业带来一定的经济损失。乔尔迪克思公司将艾尼奥公司的员工组成多个具有多样性特点的小组，来参加一个为期两周的创新挑战活动。许多小组成员从来都没有直接跟其他部门或者不同级别的人合作过。

每一组都反映了多样性的许多方面，包括领域专长、公司部门、特定角色、任用期限、专业技术水平、工作经验、地理位置和性别。整个过程通过一系列训练来识别问题，寻找被隐藏的好方法，并分析取得这些成功的关键。整个过程中，所有观点都被给予了相同的权重和同等的尊重，也为员工间的交叉合作打开了大门。

艾尼奥公司本来以为要解决这些运营上的问题，可能需要花高价对公司的软件进行彻底检修。然而，在创新挑战中产生的解决方案几乎不需要投入额外的成本。其中一项非常经济的方法是让艾尼奥公司员工在日常与顾客的互动中定期更新顾客的手机号码（这些顾客的手机号码经常更换），而这能让公司解决一些关键的运营问题。

以下是有效利用异质性的五种方式：

- 用心组织充满多元元素的小组。
- 为不同的学习和参与方式建立多种渠道。
- 帮助参与者做好准备，能够跟与自己不同的事物有效联结。
- 在共创过程的每个层级里都考虑成员的多样性构成，包括参与者、领导者和引导者。
- 通过鼓励参与者寻找缺失的视点来不断评估、增强多样性。

实践方法四：认可多种知识获取方式 | 有一个实践方法对许多人来说可能很难做到，那就是接受所有知识类型都是合理的。因为大多数创新过程推崇那些通过学术或技术训练所获得的知识，然而从其他来源积极获得知识也很重要。这通常需要人们改变倚重专家的习惯。技术性知识通常被置于所有其他类别知识之上。例如，当大规模的发展项目被提出时，数以千计的当地居民会根据其生活经验推荐替代性设计，但是项目开发者往往只会在"专家"用量化语言[12]指出问题所在时才会留意。

今天，人们越来越能接受社会领域里非正式知识的价值，以及潜意识、直觉和从身心结合中所获得的洞见。许多文化认同人类相互之间，与动物、树木、植物和大地之间非语言的学习和交流。这些概念与最近的科学发现并行不悖。例如，这些发现显示，在自然风景中散步可以激活头脑，促进问题解决，提高洞察力。[13]利用这些知识开展实践的方法包括冥想、亲近自然、专注呼吸、祈祷和身体运动。

麻省理工斯隆管理学院的奥托·夏莫（Otto Scharmer）是一名研究这类知识学习与创新之间关系的主要学者。夏莫创立了身在当下研究所，并且创建了U型理论，提出了一个为"通过感知正在生成的未来"而设计的"框架、方法和生存方式"。U型理论是夏莫及其同事在一项对高创造力人群习惯进行研究的基础上所提出的。这些高创造力人士都表示，他们与一种来自深层次的认知来源存在密切关系，迄今为止他们所领悟到的最了不起的真知灼见都发生在与这个来源连接的时刻。

立岩印第安人保留地抗议运动的组织者们展示了一个如何通过创新过程，使替代类型的知识正当化的强有力的例子。他们通过引用来自印第安拉科塔苏族部落长老、祖先那里的预言、智慧和精神教义，不断明确针对管道建设的反对意见。同时，他们也依靠部落成员和盟友们掌握的清洁能源技术、媒体策略、结构工程学和许多其他领域的技术知识进行决策。这些不同形式的知识在整个祈祷营地的组织中得到了同等的对待。[译者注：2016年春季，美国北达科他州立岩地区苏族印第安原住民对建设穿越该地的输油管道进行抗议。2016年4月，苏族印第安老人拉登娜·阿拉德（LaDonna Allard）在该地区建立了一个露天祈祷营地以示对建设输油管道的抗议。]

保拉·安托万（Paula Antoine）是玫瑰花蕾拉科塔苏族部落成员，立岩抗议运动的组织者之一。她说："当一个问题或点子出现，或者感觉需要指引的时候，我们最主要的反应之一就是'我们需要一个长老'。当长老在那里时，我们能感受到他们身上的力量，以及他们和我们分享过的智慧和知识。我认为他们比一个拥有几个博士学位，却不理解我们与地球母亲之间的联结的重要性的人有价值得多。"

立岩的组织者定期依靠部落成员和他们的盟友获得技术知识，如清洁能源、媒体策略、结构工程学以及许多其他领域的知识。但是，他们在这么做的同时也清楚地意识到，过度推崇这类知识也会有损社会运动的潜力。

以下是认可多种知识获取方式的五种方法：

- 制造一个容许偏见和成见，同时尝试新方法的安全空间。
- 纳入培育正念的活动，比如冥想和呼吸。
- 进行身体运动、聆听音乐、欣赏艺术、感受大自然以及其他能唤起右脑思维的活动。
- 认可并主动吸收非正式来源知识的价值，比如来自生活经历和长者的建议。

- 为参与者创造机会，从更大的能量场获得灵感和真知灼见。它可以是一个社群、一项事业或一个灵感来源。

实践方法五：早做、多做原型测试 | 原型是一个创意的草案、模式，或实体模型。早做、多做原型测试指的是在创新过程中的每一步都与参与者分享、测试这些创意。这种方法可以引出下一阶段更好的方案，让参与者能够接受并产生拥有感，并同时增强小组的思维和创新能力。有效的创新设计过程会经历多个原型周期，通过周期的叠加来广泛吸取反馈意见。[14]

研究表明，当小组成员在多个节点有机会参与设计过程时，这些小组会产出最丰富、最准确的信息。处于精益创业方法论核心的快速原型和周期性用户测试证实了这点。[15] 许多社会组织很少做原型测试。例如，大规模的发展项目在计划基本确定前，以及投入大量资金进行可行性和预备性研究前，基本不会开放公众评论。如此一来，实际开放给公众参与设计的就是"除了关键内容，什么都可以参与"。[16]

我们的研究同时发现，过于频繁地做原型测试会引起参与者的创造性决定疲劳。这会要求人们投入太多时间，或者妨碍了工作的直觉流程。因为我们观察到的绝大多数案例做原型测试的次数都太少，所以在担心因为过于频繁测试而试图缩减规模前，首先应该做到定期做原型测试。

康卡迪亚作为一家建筑规划公司，在美国各地支持社群主导的创新设计项目。作为一个突破性创新行动者，这家公司有很好地进行原型测试的方法。康卡迪亚的负责人博比·希尔（Bobbie Hill）说："我们永远不会觉得参与者过多，因为我们做的每一件事都将社群利益置于重要地位。"

卡特里娜飓风后的多个重建规划都使新奥尔良居民感到自己被排除在外。随后，康卡迪亚被要求领导开展一个替代方案的规划。当时，许多人已经对规划过程失去了信心。希尔说："当时居民们对规划已经完全丧失了信任，因此当他们来参加第一轮讨论会议时，有时的确有些不太好处理。"

康卡迪亚与其合作伙伴"美国人说"等机构在几个月的时间里举办了3次社群会议，并且同时在该市的13个规划区域组织并辅助设计会议。当居民们来出席第二、三次社群会议时，他们惊异地发现自己的想法和特别在意的事情已经被纳入草案文本中。对许多居民来说，自己的建议在正式的规划过程中被采纳还是第一次。这个结果有力地证明了规划过程跟以往完全不同。康卡迪亚在七个月中持续了这一方式，并坚持公开任何有关限制条件的信息。

以下是进行原型测试的五种方式：

- 从原型测试最基本的开始：定义要解决的问题、关键目标，以及原型测试的最佳计划和流程。
- 在创新过程的每一步都将参与者的想法纳入原型中，在每次进入下一步前都测试原型的可行性。
- 让参与者全情参与，包括进行综合和创造性工作，把许多创意融入到一个原型中。
- 鼓励透明和公开的讨论，包括哪些投入可以纳入原型中，哪些不能以及为什么。
- 鼓励参与者摒弃完美主义，自由分享那些还不成熟甚至疯狂的想法，因为这些想法是一个集体创新过程至关重要的部分。

突破性创新很难

从与我们一起工作的突破性创新行动者那里，我们一遍又一遍听到的一件事是进行突破性创新不容易，因为这意味着不仅要在一个既定的领域逆势而上，而且还要对抗一个主导文化的潮流。同行机构、资助者、投资者，甚至团队成员都可能不明白你在做什么，以及为什么要这样做。他们可能对过程优先、关系优先，以及权力分享优先等感到迷惑不解。

很多机构甚至在经历了非常成功的突破性创新过程之后，还需要进行相当程度的辅导和努力才能防止团队和组织故态复萌，回到老一套的工作方式中去。一位来自突创联盟的引导者在反思健康心脏电子网络联盟的创新过程后认为："在经历了我们最初的设计过程和投入来构建关系后，参与者们反馈说，把工作扩展到那些没有跟我们一起经历整个过程的新患者和研究者太难了。"

这种体会是普遍现象。CDA 合作学习项目（CDA Collaborative Learning Projects）致力于指导组织引进共创设计、学习和评估。它通过研究发现，许多合作伙伴很难接受这些做法所带来的冲击。CDA 的合作学习主任伊莎贝拉·珍（Isabella Jean）指出："甚至在同一个机构里，某一部门也许采用了共创策略和新的设计过程，但之后却发现，由于机构整体的基础制约和规定，这些创新计划被否决了。"[17]

尽管如此，突破性创新行动者的经历表明，突破性创新的观念是有可能迅速传播开来的：一旦突破性创新的过程开始，就会形成良性循环。为使创新过程有效，参与者需要信任这个过程，并且认为它值得大家去努力，即使这意味着可能超出大家的舒适区。这种心态刚开始也许是暂时的，但当突破性创新成功了，参与者通常会经历深刻、永久性的观念转变，使他们能够更加全面地接受和应用五大实践方法，为下一轮更深层次的创意转变打开大门。

怎样识别突破性创新

我们怎样才能区分哪些共创过程有可能产生突破性创新，哪些是在继续强化现状呢？为此，我们开发了一套自我评价工具，它能帮助预测一个创新设计活动的变革性能量。这不是判断某一已经完成的过程成功与否的工具。相反，这套工具可以用于评估一个合作过程是否已经为突破性创新做好准备，并确认创新所需的过程改进，以提高产生突破性创新结果的机会。

这个自我评估的工具包括一系列有关应用这五大实践方法的问题。这些问题可以帮助评估者找出五个实践方法在他们已经开展的工作中的具体呈现方式，并促进对需要改进领域的反思（上述问题和自我评估工具具体参见网站 www.recollectiveway.com）。根据这套问题框架，评估者按照每一个实践方法的应用情况给予评级。每个实践方法以一个4分量表评级，4分为最高分。我们承认这套工具更多依靠定性评估，风险主要来自打分者的主观判断。因此，我们建议需要两个或更多的创新过程参与者来思考这些问题。这将会使评估结果具有多方视角，减少误差。[18]

一个特定的设计过程可以得到的总分是5～20分。16～20分的创新过程极可能产生了我们所说的"突破性创新"，其变革性结果超越了现有的可行性认知。在本文中提及的所有突破性创新案例都在自己的领域内产生了创新性结果。11~15分意味着很可能产生了跳出传统观念的成果。许多人会认为这就是创新，但我们的评估结果认为它是"通常意义下的创新"，因为这些结果不太可能完全打破窠臼，或者根本性地挑战现有概念。

得到5~10分的创新过程仍可能有积极的影响力，但其结果不太可能非常创新或者具有开创性。看其得分低到什么程度，可以判断某个创新过程是否反而强化了现有模式中的有害内容，比如把利益相关者的意见和声音、愿望和创造性潜能排除在外。我们将这种情况称为"一切照旧"。

在进行了70多次访谈和为期两年的进一步定性评估后，我们的研究发现，大多数的共创过程处于"通常意义下的创新"或"一切照旧"的范畴中。我们与我们的共同学习社群一起确定了10个项目，它们或者因共创成果被正面报道过，或者被他们的同行认为是共创的优秀例子。下一步，我们请独立咨询师来与每一个案例的三位利益相关者面谈，还请独立评估专家阅读面谈转录文本，并使用评估工具打分（见图1）。

尽管所有解决方案在实施中都会影响一部分利益相关者，但并不是所有寻找解决方案的过程都力图让各方参与。事实上，这就是在商业和社会部门存在的"一切照旧"的状态。我们选择调研的10个案例都代表了与现状决裂的做法：他们试图通过共创，努力让大量的利益相关者参与创新过程、共同学习，创造更好的成果。

我们得出的结论也许令人惊讶：尽管我们选择的所有案例得分都不错、值得称赞，但是那些强烈认定自己是创新先锋的案例得分却不是最高的：三个由最成熟机构主导的项目得分最低。更进一步地说，在整个业界获得公众认可的程度与其是否更具创新性结果不相关。正是那些身处边缘、发源于小城镇、从未被听说过的组织，那些其貌不扬的

突破性创新

通常意义下的创新

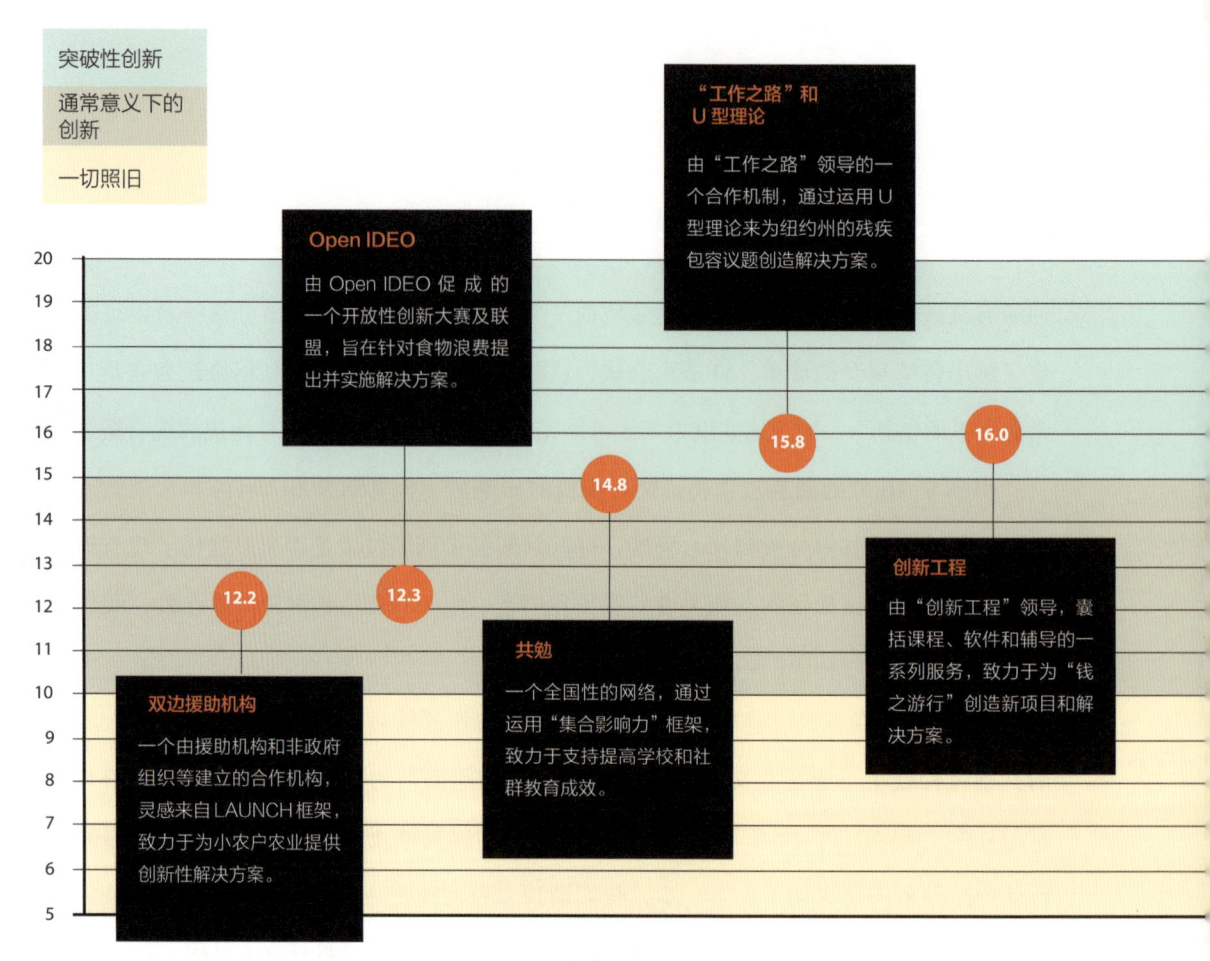

一切照旧

Open IDEO
由 Open IDEO 促成的一个开放性创新大赛及联盟，旨在针对食物浪费提出并实施解决方案。

"工作之路"和 U 型理论
由"工作之路"领导的一个合作机制，通过运用 U 型理论来为纽约州的残疾包容议题创造解决方案。

双边援助机构
一个由援助机构和非政府组织等建立的合作机构，灵感来自 LAUNCH 框架，致力于为小农户农业提供创新性解决方案。

共勉
一个全国性的网络，通过运用"集合影响力"框架，致力于支持提高学校和社群教育成效。

创新工程
由"创新工程"领导，囊括课程、软件和辅导的一系列服务，致力于为"钱之游行"创造新项目和解决方案。

12.2　12.3　14.8　15.8　16.0

图 1　确认突破性创新

运动，那些被剥夺了权利的（共同体）得分却是最高的。本质上，它们是劣势者。

这其实是一个令人鼓舞的故事，因为它证明了一个事实：突破性创新不需要为了打破窠臼、提出开创性和富有远见的解决方案去花大价钱、找大机构，或者是追求品牌效应等当今产业的一些时髦做法。任何人都可以致力于突破性创新，成为突破性创新的一分子，从明天就可以开始做。成为突破性创新行动者需要的品质就是献身精神、对新生事物和一些艰难时刻的容忍度，以及心态的转变。

SOI 混音

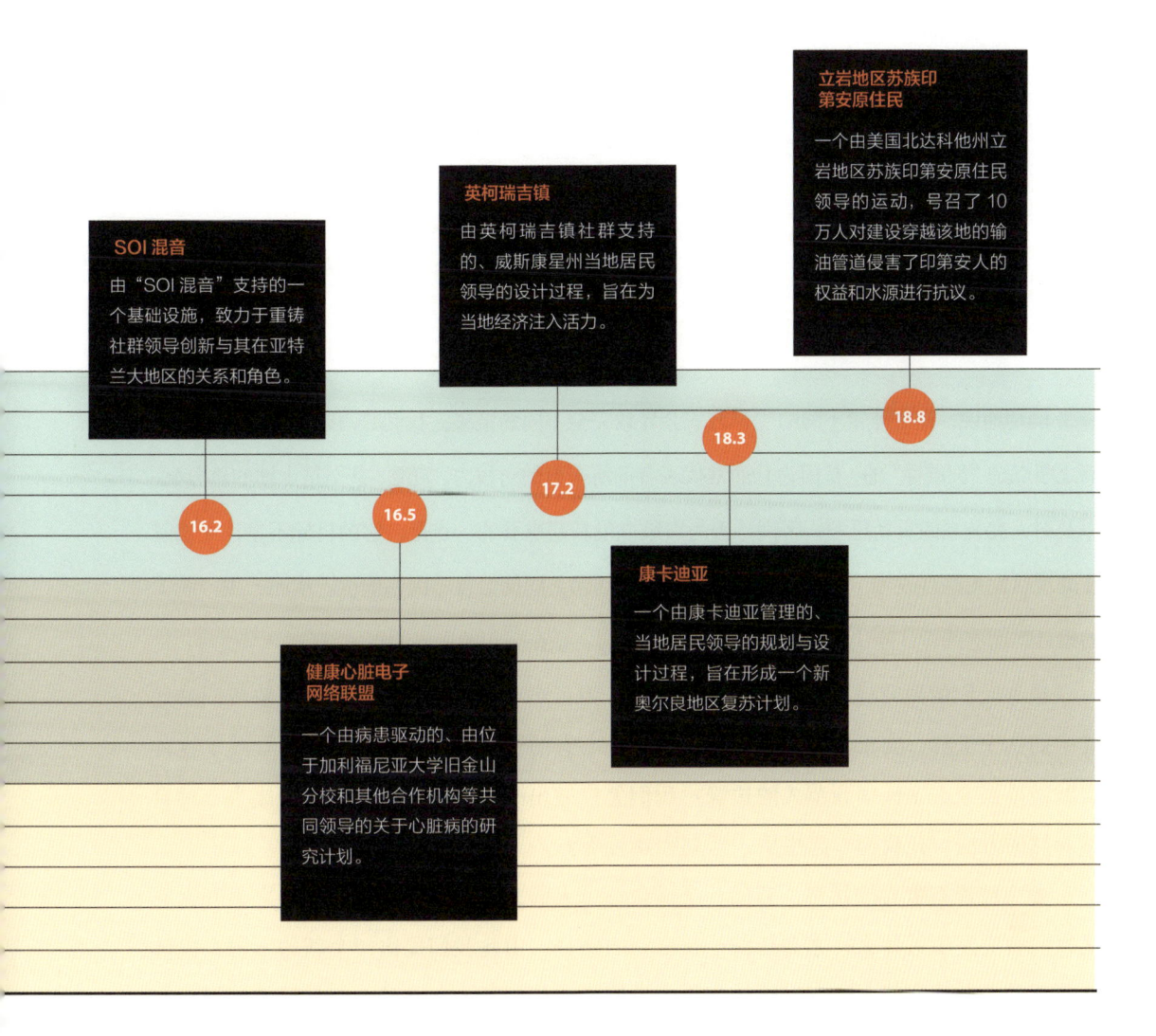

由"SOI 混音"支持的一个基础设施,致力于重铸社群领导创新与其在亚特兰大地区的关系和角色。

英柯瑞吉镇

由英柯瑞吉镇社群支持的、威斯康星州当地居民领导的设计过程,旨在为当地经济注入活力。

立岩地区苏族印第安原住民

一个由美国北达科他州立岩地区苏族印第安原住民领导的运动,号召了10万人对建设穿越该地的输油管道侵害了印第安人的权益和水源进行抗议。

16.2　16.5　17.2　18.3　18.8

健康心脏电子网络联盟

一个由病患驱动的、由位于加利福尼亚大学旧金山分校和其他合作机构等共同领导的关于心脏病的研究计划。

康卡迪亚

一个由康卡迪亚管理的、当地居民领导的规划与设计过程,旨在形成一个新奥尔良地区复苏计划。

追忆式创新:创新同时需要回忆和忘却

当创新的主流概念还集中在新的、没有发明过的东西上时,我们惊诧地发现,具有想象力、产生突破性创新结果的五大实践方法在很大程度上并不"新"。事实上,这五大实践方法中所包含的要素长期以来就是许多土著人的生活方式,也是草根社会运动工作的重要部分。事实上许多突破性创新行动者都谈到,为了开展突破性创新工作,需要"忘却"(unlearn)某些习惯做法。这种忘却包括必须学会用不同的方式分配决策权,接受不确定性,共同想象并创造一种不同的方式在社群里生活。

确切地说，这种非常不同的生存方式会导致完全不同的结果。我们的研究发现，突破性创新之所以是"突破性"的，是因为它通常代表着前所未有的对权力、资源，甚至是土地的再分配，以及对人类关系的重新思考。区别是否为突破性创新最重要的一点是，它的目标不是让无法忍受的现状发生些许改善，而是将人与人之间的互动和共同创造置于优先地位，从而产生一些新的设计，而这些设计能让人感到他们是一个崭新的、正在崛起的世界的组成部分。

也许我们的研究提出的最深刻的问题是：为了实现突破性创新，重新想象我们身处其中的这个世界，要求我们忘却。那么，这种心态的根基是什么呢？是什么导致了这种实践被推到今天主流创新范式的边缘？我们怎样做出改变，才能使这些实践成为一种自然而然的方法，让我们一起想象、计划和建设呢？

要突破现有世界的状态，开创一个适合每个人的未来，也许我们的前行之道既需回忆以前曾经发生过什么，亦需开辟一条全新的路径。由此我们提出一个新的术语：突破性创新的心态和实践方法可以被认为是一种追忆式的创新——这是一个学习的过程，我们既可以去肆意想象那些还未被发明的未知，又能凭着灵魂深处的直觉去回忆，作为人类，我们是如何在共同体里生存下来的。

注释

1   The advocacy groups that participated in cocreating the Health eHeart Alliance are the American Heart Association, Mended Hearts, StopAfib.org, and SADS Foundation.

2   David Bollier, "Progressive Philanthropy Needs to Spur System Change," *News and Perspectives on the Commons*. May 2016.

3   The 20 organizations were: CDA Collective, Chaordix, Chorus Foundation, Community Organizers Multiversity, Concordia, Environmental Defense Fund (Restore the Mississippi River Delta Coalition), Faster

Than 20, Feedback Labs, Foundation for Louisiana, Incourage, Invest2Innovate, Perpetual, Remix COI (Community Ownership of Innovation), Sehat Kahani, Standing Rock Sioux tribe, TechSoup, Textizen, The Emergence Collective, University of Vermont Masters in Leadership for Sustainability, and Yellow Seed.

4　It is important to note that the co-learning group is predominantly US-based organizations. This is due in part to the limitations of our study and convening capacity, but it also reflects an intentional decision to focus on the sphere in which we operate as two US-based researchers and practitioners and a sphere whose practices have global ramifications, for better or worse. The lack of representation from other areas of the world should in no way imply that the United States is somehow leading on breakout innovation. To the contrary, in the developing world, grassroots organizations and social movements, in many instances, have been thought leaders in these realms.

5　Andrew Van de Ven, *Engaged Scholarship: A Guide for Organizational and Social Research*, Oxford, England: Oxford University Press, 2007.

6　Joanna Levitt Cea and Jess Rimington, "Designing with the Beneficiary: An essential strategy to optimize impact," MIT Innovations, forthcoming 2017.

7　Brian Walker, C. S. Holling, Stephen R. Carpenter, and Ann Kinzig, "Resilience, Adaptability and Transformability in Social-Ecological Systems," *Ecology & Society,* vol. 9, no. 2, 2004.

8　David Graeber, *Fragments of an Anarchist Archeology,* Chicago: Prickly Paradigm Press, 2004.

9　Nikolaus Franke, Peter Keinz, and Katharina Klausberger, "'Does This Sound Like a Fair Deal?' Antecedents and Consequences of Fairness Expectations in the Individual's Decision to Participate in Firm Innovation," *Organization Science*, vol. 24, no. 5, 2013: pp. 1495-1516.

10　James Surowiecki, *The Wisdom of Crowds: Why the Many Are Smarter Than the Few and How Collective Wisdom Shapes Business, Economies, Societies, and Nations,* New York: Random House, 2004.

11　Ibid.

12　*Back to Development: A Call for What Development Could Be*, International Accountability Project, 2015.

13　Chris Mooney, "Just Looking at Nature Can Help Your Brain Work Better, Study Finds," *Washington Post*, May 26, 2015; and Chris Mooney, "New Research Suggests Nature Walks Are Good for Your Brain," *Washington Post*, June 29, 2015.

14　Jon Elster, "The Optimal Design of a Constituent Assembly," prepared for the colloquium on Collective Wisdom, Collège de France, May 2008.

15　Cea and Rimington, "Designing with the Beneficiary."

16　Gilbert Rist, *The History of Development: From Western Origins to Global Faith*, London: Zed Books, 1997.

17　CDA calls for a paradigm shift toward a collaborative aid system in: Mary Anderson, Dayna Brown, and Isabella Jean, *Time to Listen: Hearing People on the Receiving End of International Aid,* Cambridge, Mass.: CDA Collaborative Learning Projects, 2012.

18　We tested the index on 10 cocreative design processes in the areas of economic development, public health, disaster relief, product development, education, philanthropy, and public utilities. For each case, a team of third-party evaluators interviewed three stakeholders involved at different stages of the cocreation process, and then transcribed these recorded conversations. The transcripts were read by two independent reviewers and scored according to the index. Shelly Helgeson, Dylan Rose Schneider, Hafsa Mustafa, and Dr. Melissa Nelson each played a vital role in this process. The full list of evaluative questions, the scoring rubric, and additional information is available at TK.

乔安娜·莱维特·塞亚（Joanna Levitt Cea）

万流基金会（Thousand Currents，之前为 IDEX）美好生活基金（Buen Vivir Fund）主任。万流基金会是一家资助国际草根解决方案的公共基金会。她也是斯坦福全球项目中心（Stanford Global Projects Center）的访问学者。

杰丝·里明顿（Jess Rimington）

"/规则联盟"（/The Rules）的总经理。"/规则联盟"是一家致力于解决不平等和贫困根源问题的全球联盟。她也是斯坦福全球项目中心的访问学者。

中国慈善的集体行动模式

作者：克里斯托弗·马奎斯
李奇
乔坤元
译者：游海霞

在西方，很多富有的企业家喜欢通过成立私人基金会、家族办公室或捐赠者指导型基金，给具有鲜明个人喜好的慈善事业捐赠。相比之下，大多数中国企业家更愿意相互协作，一起做慈善。

自1978年改革开放以来，中国经历了现象级的经济增长。一个显著的表现就是巨富企业家数量的增多。举例来说，中国亿万富翁的数量在12年里增长了近200倍，从2004年的3人增加到2016年的568人。[1] 2015年，中国的超高净值人群占全球总数的8%，人均资产都在5000万美元以上。[2]

这种个人财富的巨额累积在现代历史上确实十分罕见。最早可以追溯到19世纪末美国的"强盗大亨"时代，当时，以安德鲁·卡内基、约翰·洛克菲勒为代表的企业家点燃了美国的工业革命，彻底改变了美国经济，这些人也由此成为超级大富豪。

那一时期的美国企业家除了创办极具影响力的企业之外，最终都把大额捐赠投给他们中意的公共事业，例如健康护理和图书馆，也创办了以他们名字命名的杰出的研究型大学，包括杜克大学、斯坦福大学、卡内基技术学院（卡内基梅隆大学的前身）。尽管他们的动机引发了很多争议，但毋庸置疑的是，他们都是开创慈善捐赠新模式的慈善先行者。正如卡内基所言，"在巨富中死去是一种耻辱"，"让其他人有机会致富，是富豪的义务"。[3]

在最近10年里，美国很多当代商业精英都将他们积累的财富中的可观份额捐赠出去，而中国新晋富豪们的慈善兴趣和捐赠水平尚难以与之比肩。2008年中国汶川地震之后，来自企业家的捐赠额激增，慈善意识不断增强。然而观察家们仍然在等待中国出现类似盖茨、巴菲特和扎克伯格这样的慈善大亨（见图1）。

但这并不意味着中国企业家们不做慈善。我们在研究中发现，虽然中国企业家的个人捐赠仍然落后于西方同行，但中国企业家对以集体方式从事慈善的兴趣与日俱增。这种形式很难用西方慈善的模式、概念或组织行为来阐释。例如我们发现，2007年至

中国企业家的慈善捐赠

在 2008 年到 2012 年间，中国企业家的慈善捐赠增长了三倍多。

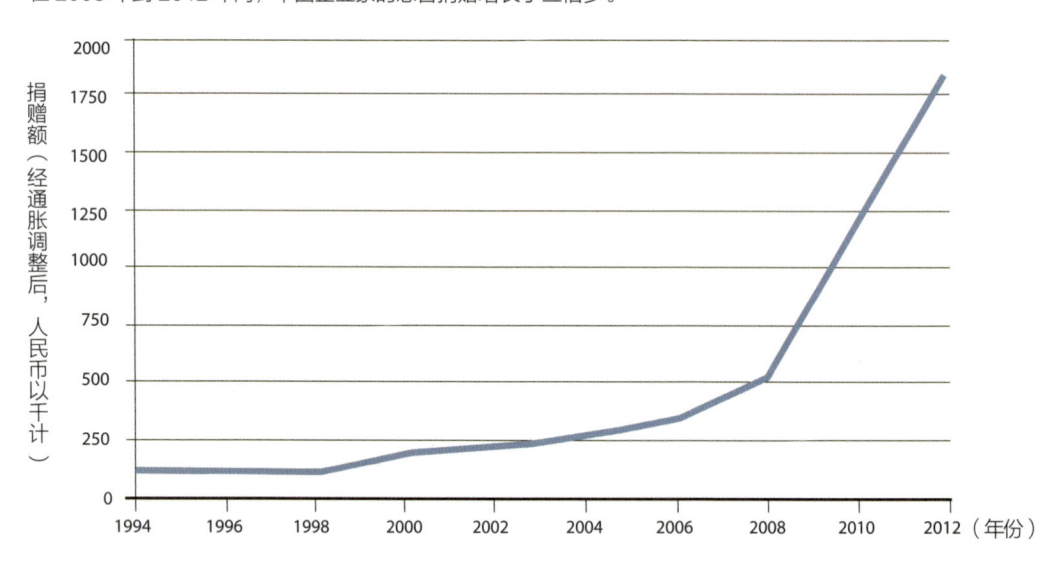

根据民营经济研究中心出版的《民营企业家调查数据简介》，民营企业家是指那些在焦点调查年度内经营私人创业公司或企业的个人。
来源：中国社科院民营经济研究中心

图1 中国企业家的慈善捐赠

2014年，企业家个人捐赠的比例下降，但集体捐赠的比例却有所升高[4]（见图2）。

在过去5年里，我们在对中国企业家的访谈中都看到了这种趋势。我们发现，中国企业家对慈善的态度发生了变化：无论是其追求的目标（致力于解决的具体社会问题），还是采取的方式（与其他私营企业家合作），很多企业家现在经常表达出一种集体式理念。[5]因此，虽然中国可能不会出现像卡内基在全球捐资创办2811家图书馆这样具有鲜明个

个人企业家捐赠和集体捐赠的占比

相比于个人捐赠，中国企业家更倾向于集体捐赠。

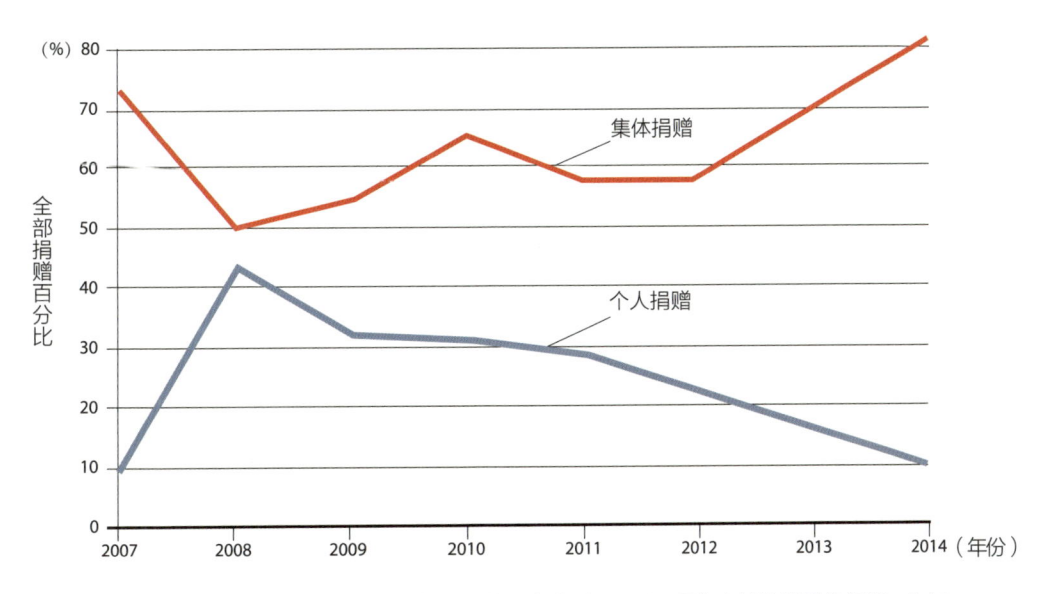

来源：2007—2014年中国慈善发展年度报告。总量未达到100%，因为有其他类型的捐赠，比如来自政府或其他渠道的捐赠无法确切识别。

图2 个人企业家捐赠和集体捐赠的占比

人特征的项目，但这并不必然意味着中国的商业精英们不会以一种引入注目、影响巨大的方式进行慈善捐赠。

例如，当电商巨头阿里巴巴集团的创始人马云希望维护中国环境的可持续性时，他没有创办任何一个以他的名字命名的项目或基金会。相反，他组织召集了一群理念相同的企业家，共同发起了一个合作项目，这就是聚焦于自然保护区的桃花源生态保护基金会。马云在2015年联合国巴黎气候大会上的发言就体现出这种集体式理念。马云说，"保护地球不是我的责任，也不是你的责任，而是我们共同的责任"，"政府官员、企业家、科学家都需要一起合作"。[6]

发起成立桃花源生态保护基金会时，马云甚至邀请了自己企业的最大竞争对手：腾讯控股有限公司的董事会主席马化腾。其他合作方包括房地产开发企业银泰集团创始人、董事长沈国军，健康元药业集团股份有限公司董事长朱保国，华谊兄弟传媒集团创始人王中军和中国当代艺术家曾梵志。[7]

这只是中国企业家在慈善项目中采取集体行动的诸多案例之一，这一做法与西方形成鲜明对比。西方成功企业家的典型做法是成立自己的私人基金会，有非常具体而独特的关注点。例如，比尔及梅琳达·盖茨基金会关注全球健康和发展，陈－扎克伯格倡议（Chan Zuckerberg Initiative）关注教育和科学。中美企业家的慈善目标都同样值得称赞，但他们做慈善的方式却截然不同。

我们可以将这种中国慈善的新模式称为"集体式慈善"。我们将对集体式慈善的基本要素进行识别和定义，从中国哲学、社会伦理学、文化心理学中寻根探源，阐释集体式慈善带来的启发和思考。甚至对全球的慈善家们来说，此亦不失为一种值得借鉴的慈善模式。

什么是集体式慈善？

集体式慈善引导与动员企业家群体的经济、政治和社会资本来回应社会需求，而不是单打独斗，这种模式深深根植于中国的文化和传统中。

集体式慈善包含三个互相联系的要素：集体认知、集体行动、集体投资。集体认知反映了中国企业家的各种固有观念，这些观念根植于中国文化，并被他们所处的现实环境和个人经历所强化，因此在企业家的决策中起着指导作用。集体行动受集体认知的激发，并通过人脉关系和政府影响来付诸实现。集体投资是集体式慈善的一种具体表达方式。这三大支柱共同构成了集体式慈善不可分割的层级模式。

集体认知 | 中国企业家采取集体方式做慈善，正是因为他们将自己视为（自我认知）集体的一部分，而不只是成就斐然的个人。文化心理学家认为，从类别上，中国属于集体主义文化，中国人非常看重维护集体利益。[8] 文化在广义上被定义为"共同拥有的价值观、信仰、假设等当事人视为理所当然的固有观念"。[9] 文化在个人决策过程中非常重要。在中国集体主义文化对诸多行动的影响方面，已经有非常深入的系列专题研究。

我们将集体主义定义为文化的维度之一。在这种文化中，个人认为自身与社群中的其他人相互依存，不可分割，所以会更多关注为他人造福。[10] 与之相反，在个人主义文化中，人们倾向于关注自身利益。[11] 事实上，心理学研究已经表明中国人更看重与他人的关联度，更偏好取得一种集体式成果，而不是个人获益。[12] 例如，中美慈善捐赠比较研究发现，在一个集体主义国家，如果强调捐赠的结果是让其他人获益，而不是让捐赠人获益，个人会更愿意慷慨解囊。[13]

中国企业家更希望得到那些在文化和价值观上与他们一致的群体的认可和接受。这与西方国家形成鲜明对比：包括西方企业家们自身在内的公众通常都将企业家视为个人主义的典型代表。

> 中国人更看重与他人的关联度，更偏好取得一种集体式成果，而不是个人获益。

当代中国的商业精英成长于20世纪五六十年代，深受集体主义情感的影响。在这段历史时期，中国社会都格外重视共同体和集体利益。事实上，中国企业家近几十年来商业成功的一个关键要素就是协同合作。通过沾亲带故和其他社会人脉关系，他们经常一起做生意，这些都有助于集体认同感的形成。[14]

集体行动 | 中国企业家视自己为集体的一分子，因此他们更有兴趣加入集体行动，希望被视为一个更大联盟的成员，而不是单打独斗。事实上，中国企业家目前开展的慈善项目是典型的人脉驱动型，源于并加深了这些商业领袖们的人脉关系网。

这种集体式行动可以从中国企业家近期发起的一些大型慈善项目中看出来。例如，2006年，中国最具影响力的31位企业家共同创办了中国企业家俱乐部（China Entrepreneur Club），这个民间非营利机构是中国企业家合纵连横、资源互通和国际合作的一个根据地。它形成了一种浓厚的机构文化[15]，有助于培养俱乐部会员的集体认知和集体行动。[16]

中国企业家俱乐部的核心使命是促进中国环境的可持续发展。企业家俱乐部发起了多个重要的慈善倡议活动，创建了"绿色公司百强榜"，出版发行一本专注于环境问题的杂志，并举办以改善自然环境为主题的年会。

中国招商银行前行长马蔚华表示，中国企业家俱乐部是一个"开放的交流平台，让所有中国企业家在商业上实现相互合作，为国家的政策制定提供建议，推动社会和经济发展"。值得关注的是，中国企业家俱乐部的企业家会员均承诺谨守商业伦理，积极参与社会公益倡导，践行企业社会责任。例如，中国企业家俱乐部的绿公司联盟和中国绿公司年会正是为了追求和实现中国企业的可持续、透明、绿色发展。

"中国企业家俱乐部的会员不仅相互竞争，而且相互合作。"中国企业家俱乐部首任秘书长程红说，"通过绿公司联盟这样的项目，我们聚合了成长速度最快的中小企业。我们的目标是创造一个相互支持的社群。"汶川地震发生的当天，中国企业家俱乐部就集体捐赠了100万元人民币。[17]

集体行动的另一个案例是一群中国社会精英和商业领袖于2004年发起成立的阿拉善企业家环保基金会。该组织致力于通过实现企业家、公众与环保组织的相互连接，助力中国民间环保组织的成长和发展。该组织现有600多个企业家会员，直接或间接支持了超过400家环保组织和个人。

阿拉善企业家环保基金会组织了很多活动，促成企业家会员与社会活动家、政府官员、学术研究人员就环保议题进行交流和互动。这些活动包括以环保和社会治理、防治沙漠化、地下水资源问题为主题的各类会议。阿拉善企业家环保基金会也通过多种多样的集体社交活动，如徒步行走和茶话会，来推动和组织慈善项目，邀请企业家会员参与非营利组织的活动。

越来越多鼓励企业家参与集体式行动的慈善机构相继成立，例如益启慈善，该组织通过对慈善家、企业家和社会创新者进行问卷调查，呼吁全社会"将慈善转变为集体行动"。[18]与之类似，根据浙江省瑞安市政府的一份报告，政府也鼓励"抱团行善"，"通过发掘中国传统文化中的和谐和统一的理念，促成集体行动，以扩大社会效应和辐射效果"。[19]

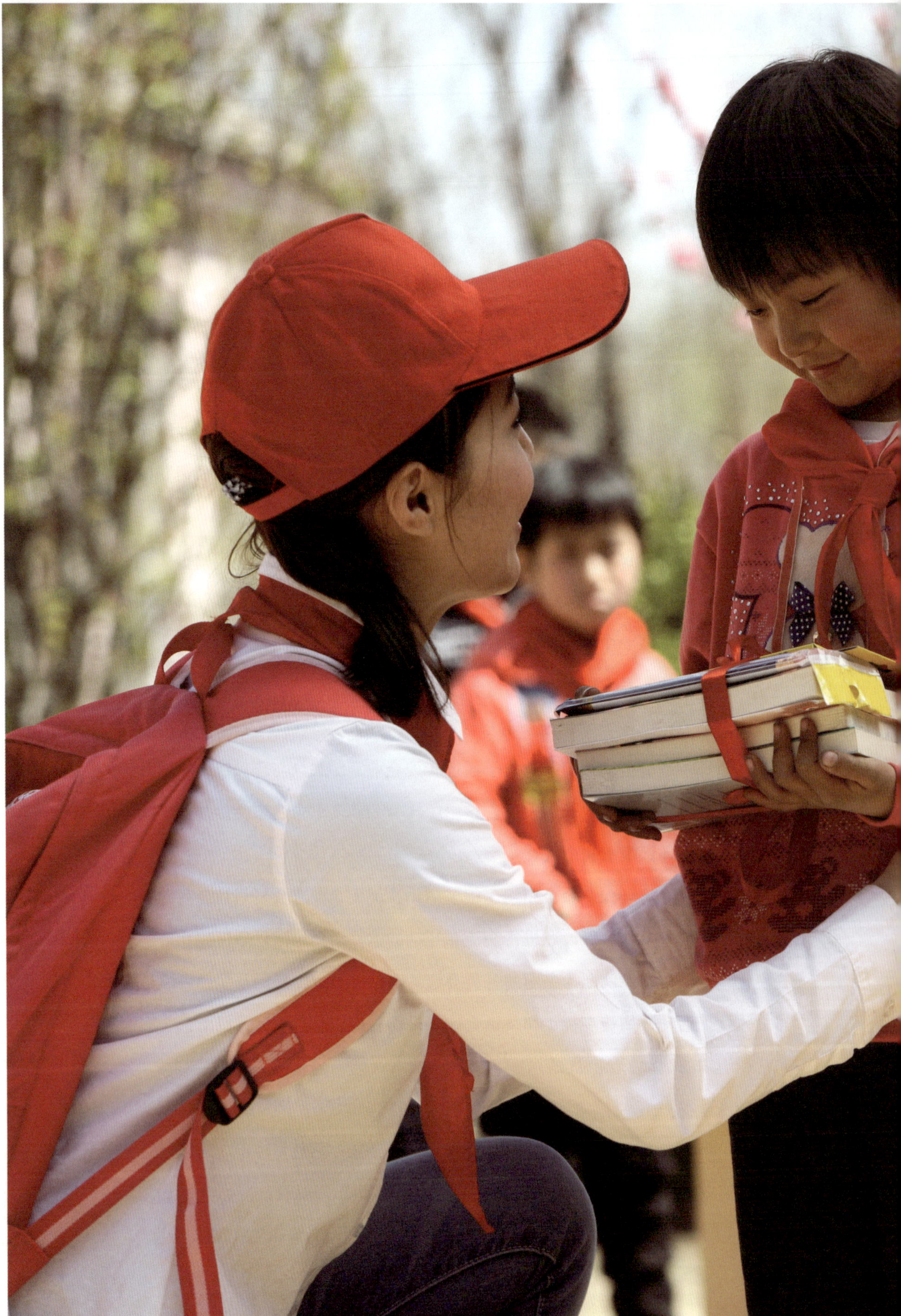

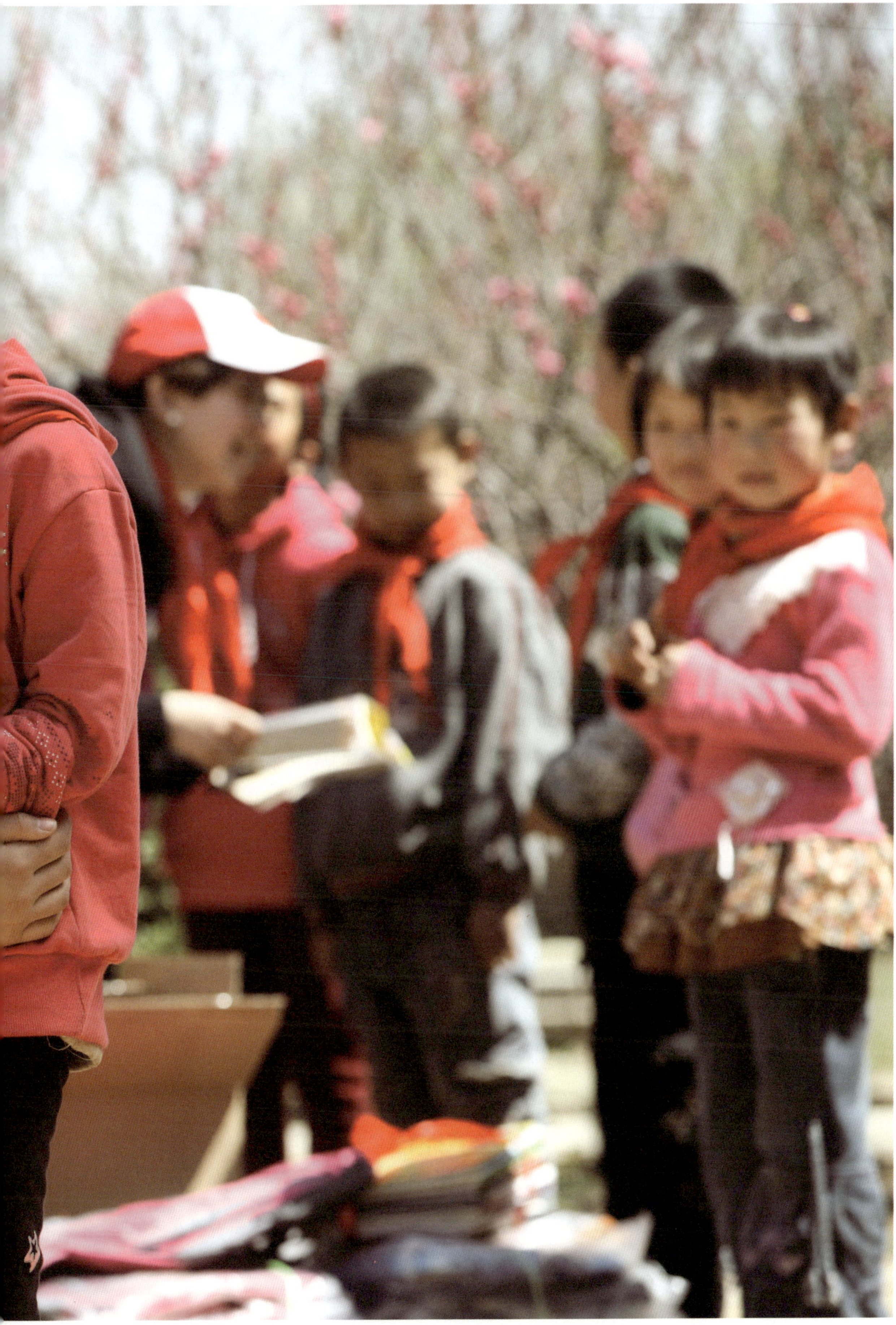

集体投资 | 中国企业家共同合作的最有效方式之一就是开展集体投资。但是，投资不仅是指出钱。现代企业家也很渴望贡献他们的商业知识和人脉网络，让年青一代以集体化方式参与其中。

例如，四川西部自然保护基金会由16位中国企业家于2011年发起成立，旨在搭建关注四川省生物多样性保护的融资和管理平台。该基金会与诸如中国大自然保护协会这类全球性环保组织合作开展项目活动。2011年是中国大自然保护协会正式运作的第一年，当年就从不同类型的中国企业家那里筹到800万美元。同年，中国大自然保护协会发起成立了中国全球保护基金（China Global Conservation Fund）。2012—2014年，中国大自然保护协会的7个全球项目得到该基金的资助，例如肯尼亚亨氏牛羚救护站项目和印度尼西亚可持续发展的海洋保护区项目。每个项目至少获得30万美元的资助，有些项目资助款高达100万美元。[20] 这是中国企业家首次共同创建一个对全球环保事业实施大额捐赠的平台。

为了培养慈善领域的集体参与，益启慈善通过众筹倡导活动，发起成立了一个基金，专门做集体投资，已经通过该众筹活动筹到50万美元。益启慈善也对参与者开展培训，让他们可以有效地将慈善捐赠分配给不同的民间组织，其理念是这类集体式捐赠的经验，可以帮助个体开展他们自己的慈善实践，从而更多地回馈社会。

中国近期也出现了其他方式的集体式慈善行动和项目。例如，2012年，由13位浙江企业家出资300万美元发起成立的浙江敦和慈善基金会。敦和慈善基金会运用这些集体出资的资金，为健康护理、教育、灾害救援和传统文化类公益组织提供资助。[21] 在2008年汶川地震后以"首善"著称的陈光标，也在2012年转变了他做慈善的方式。他不再采用之前直接给困难家庭人员发红包的方式，而是组织和发动一群企业家共同支持慈善事业。他们关注黑龙江省的农业和环保项目，以环保方式推动当地经济发展。如他所言："这一次，我不是单打独斗。我发动几百个企业家一起做捐赠。"[22]

为什么集体式慈善会在中国发展起来？

我们看到，在中国发展起来的这种集体式慈善是当代中国的政治、经济和社会环境与传统文化特色相互交织融合的必然产物，正如一句中国俗语所言，"人心齐，泰山移"。因此，想要了解中国当代的集体式慈善，就必须先了解中国传统文化及其对企业家精神的影响。

中国哲学传统 | 中国文化、社会和商业环境的形成过程受到很多哲学传统的影响，所有因素都指向集体主义理念。儒家思想将集体主义价值观置于个人利益之上，这种观念影响了商业实践。举例来说，推动企业家造福于社会的儒家核心概念包括"仁"（慈悲、慈善和人性）、"义"（对行为和人际关系的道德正义有分辨能力）、"礼"（对个人和机构的合法行为具有指导意义的社会规范和准则）。

儒家文化的代表孔子和孟子认为，慈善是人类的高贵品质，是高尚与卓越品格之本。[23] 很多中国企业家认为儒家文化理念是中国企业责任的基石。例如，《财富》中文版对企业管理层的一项调查发现，89%的中国商业领袖认为企业社会责任是"遵守商业道德，正直地经营企业"。[24] 近期一项中国企业家专题研究表明，在"儒家社会模式"中，企业家们竞相参与慈善并希望获得一定地位，以期证明他们就是当代的"士大夫"。因为"士

> 这种集体式慈善是当代中国的政治、经济和社会环境与传统文化特色相互交织融合的必然产物。

大夫"担当社会责任，被公众视为社会秩序和世界和平的守护者。[25]

在中国，佛教和道教也对商业实践和慈善影响深远。佛、道两教皆相信，慈悲心是至关重要的社会美德，人们应该关心他人需求，这些观点对中国家庭和社会关系的塑造有非常大的影响。在明清时期（16—18世纪），儒、释、道三位一体，在企业家群体中形成了一种勤勉、正直、慈善的文化。[26]这种结合体为商人思维方式的塑造创造了一个道德基础。例如，商业史研究表明，明清时期的企业家已经发展出一套商业伦理，经商行为所带来的权利和认知度，满足了企业家们的精神需求。[27]

尽管这些长期存在的哲学传统为道德行为提供了一个深厚的文化基础，但并不意味着中国商人总是能够恪守这些原则。事实上，很多中国商人在创建和运营其商业帝国时采取了不道德的手段。一个著名案例就是2008年的"奶粉事件"。乳制品生产商为了降低成本而在牛奶中添加三聚氰胺，直到很多中国儿童因为食用了受污染的婴幼儿配方奶粉而患病之后，真相才大白于天下。因为涉嫌与该事件有牵连，中国著名的乳制品企业之一蒙牛集团的声誉一度遭受重创。如今，蒙牛集团创始人牛根生是中国慈善领袖之一。[28]意味深长的是，也许因为创造财富的过程伴随着对不道德经营行为的认知和悔悟，如今的中国企业家越来越强调回馈社会。

集体慈善的传统 | 尽管企业家做慈善在中国是新事物，但集体式慈善却由来已久。在宋代（公元960—1279年），政府通过诸如设立专用财政账户，帮助社会弱势群体等方式组织了制度化的慈善活动。宋朝皇帝甚至颁布了一个诏令，对这笔财政拨款的用途和具体使用予以详细说明。在中国古代，诏令就是事实上的法律条文。民众和私营企业主紧随其后，支持和落实这项政策。[29]随着中国社会不断发展，拓宽慈善类服务的新机

会不断涌现，越来越多的被动式慈善方式最终演变成更加主动的集体式慈善。

面对频繁发生的地震、洪水等自然灾害，古代政府没有能力拨款来减轻民众的苦难，从而意识到必须依赖更多的私人商业力量来缓解财政困难。为了鼓励捐赠，政府开始为承担社会公共事务的商人授予荣誉封号，因为古代商人的社会地位比较低，荣誉封号成为他们贡献社会的一种回报。[30]

例如，明朝后期，一位名为杨东明的中层官员希望通过佛家寺庙或社仓等长期存在的渠道来行善。他就在自己家乡创办了中国历史上首个慈善组织。杨东明说服了很多社会人士捐资，修路建桥、扶危济困，其中很多都是当地商人。他将这个组织的名字从同乐会改名为同善会。同善会是一个会员准入制的正式组织，鼓励会员共同合作，努力实现长久的社会福祉。

清朝末期，洪涝灾害频发。清政府应对乏力，私人慈善组织由此相继成立。它们帮助受灾民众，主持慈善救助活动。江南商业团体（River South Businessmen Group）、黄洋慈善团体（Huang Yang Charity Group）、国际联合救援协会（International United Rescue Association）等新成立的慈善团体，帮助缓解灾民困苦，稳定了社会秩序。[31]

社会关系的重要性｜中国人格外看重私人之间的社会关系。"关系"这个词的含义是一种嵌入中国文化的独特系统，包含了社会资本、社交网络和个人的人脉资源。

关系也在商业中发挥重要作用。借助中国社科院民营企业研究中心对私营企业家的调查数据，我们做了一项研究，分析在私营企业家看来，在中国做生意最重要的影响因素是什么。我们发现，在接受调查的企业家中，29.9%的人认为关系是做生意时，仅次于技能（55.1%）的重要影响因素（见图3）。在商业圈，诸如面子和人情之类与关系相关的做法能够减少不确定性，降低交易和信息沟通的成本，提供有价值的资源。[32]

在中国做生意最重要的影响因素

有将近三分之一的中国企业家认为，在中国做生意关系是仅次于技能的重要影响因素。

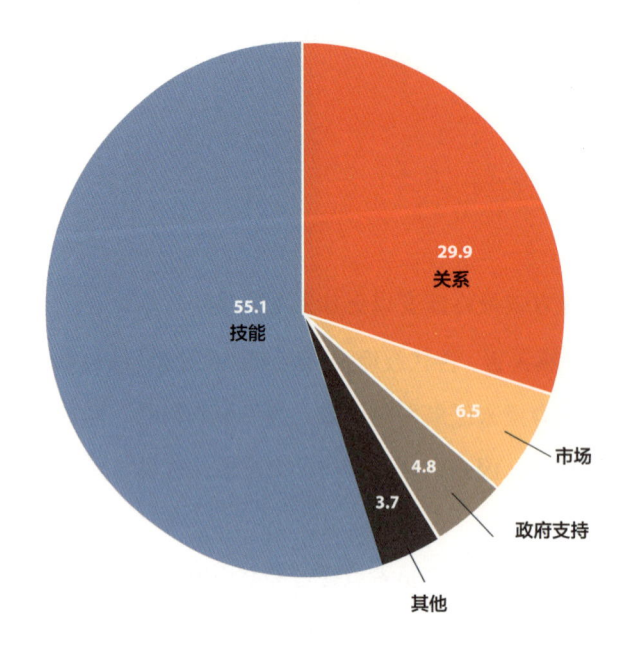

- 55.1 技能
- 29.9 关系
- 6.5 市场
- 4.8 政府支持
- 3.7 其他

来源：中国社科院民营经济研究中心 1993—2012 年

图3　在中国做生意最重要的影响因素

关系的作用不仅体现在商业领域，也自然体现在中国企业家的慈善实践上。为了通过慈善工作使社会受益，企业家们要利用他们的人际关系网和彼此的责任义务关系。为了让慈善行为获得社会承认，这些企业家之间的"关系"需要通过网络协作和集体声誉来维系。作为一种社会交换类型的"关系"，在人际关系维护中发挥着重要作用。

该调查也发现，83.9% 的企业家认为维护关系很重要，27.8% 的企业家希望帮助关系网中的伙伴。这项研究也发现，关系和慈善捐赠之间存在明显正相关：企业家越是认为关系很重要，越会捐赠更多（见图4）。

制度缺位 | 与西方国家不同，在中国，政府提供的公共产品和服务较为有限，对非政府组织的支持也比较弱。[33] 基础制度欠缺对中国的集体式慈善影响颇大。

中国企业家意识到中西方在关键制度方面存在差距，只能通过协同合作来共同推动

关系和捐赠额的关联度

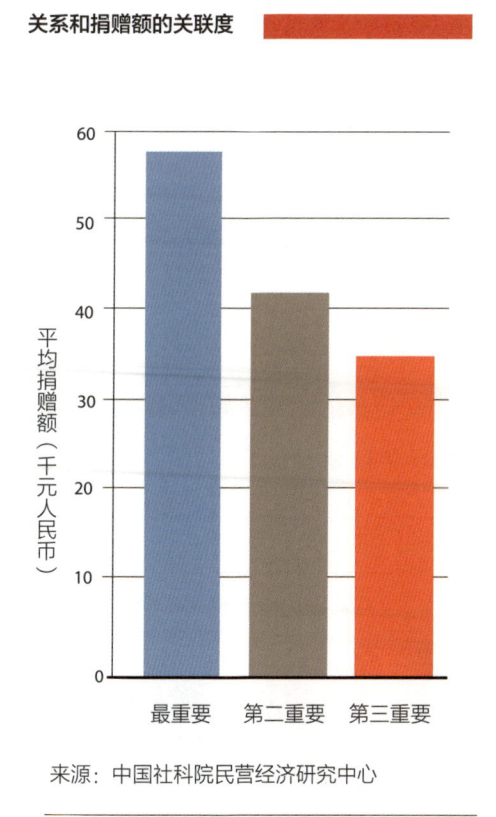

图4 关系和捐赠额的关联度
来源：中国社科院民营经济研究中心

缺失的基础制度建设。我们从中国社科院民营经济研究中心对私营企业家的调查数据发现，81.3%的私营企业主希望帮助政府提供公共产品和服务，63.8%的私营企业主践行企业社会责任（见图5）。这些发现与近期一项企业慈善捐赠的研究结论相一致，该研究发现，私营企业在填补制度缺位方面发挥了重要作用。[34]

例如，房地产开发企业银泰集团与北京大学合作，创办了中国首个社会公益管理硕士项目，课程涵盖公共政策、社会责任、社会创新、社会企业、社会价值投资和非营利组织管理。银泰集团支持了该项目的全部费用，包括研究、师资和奖学金，目的就是激励学生毕业后进入慈善领域工作。[35]

在合作签约仪式上，银泰集团董事长沈国军说："十年树木，百年树人。两年期项目旨在造福社会，为中国慈善历史写下第一章。"[36]参与该项目的企业家包括阿里巴巴

私营企业的核心责任

近三分之二的中国企业家说自己的企业会承担社会责任。

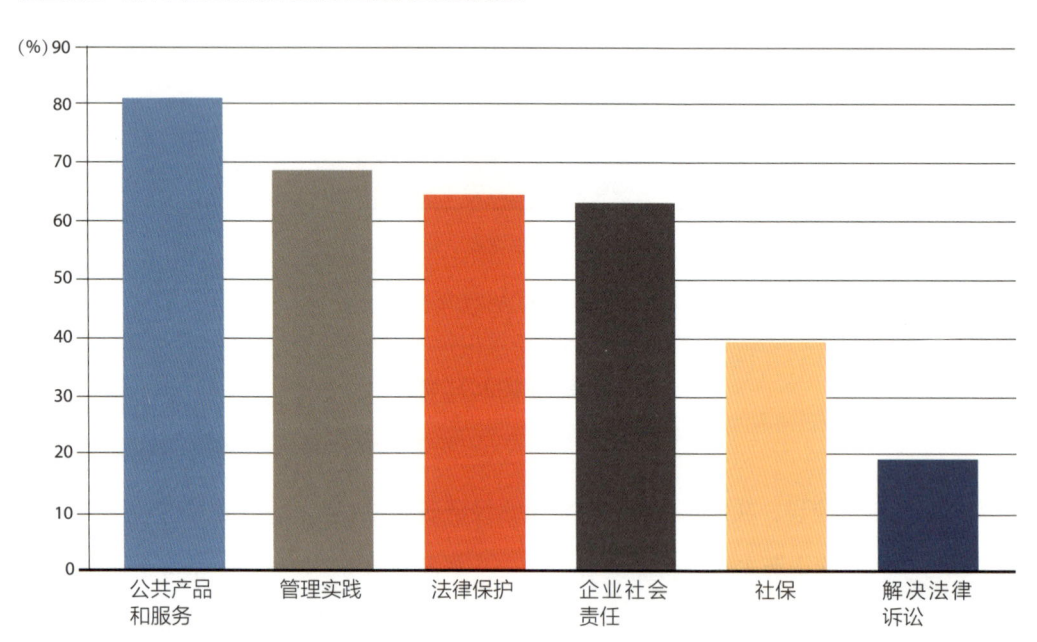

类别	百分比
公共产品和服务	约81%
管理实践	约68%
法律保护	约64%
企业社会责任	约63%
社保	约39%
解决法律诉讼	约19%

注：此问题为开放式回答选项，因此这些答案并非相互排斥。
来源：中国社科院民营经济研究中心

图5 私营企业的核心责任

的马云、蒙牛集团的牛根生、万达集团的王健林和福耀集团的曹德旺。

与之类似，老牛基金会发起的慈善千人计划旨在培养非营利组织和慈善领域的专业管理人才，帮助企业实施慈善项目。这一实践对由相关制度缺位而引发的其他社会问题具有启发意义，比如社会福利制度和社会创新。

集体式慈善的启示

　　研究中国的集体慈善模式，一个问题会自然出现：集体式慈善是否适用于其他国家和地区，特别是西方国家？我们提出这个问题本身就很有意思。传统上，西方慈善文化被其他国家视为值得效仿的典范。然而，中国企业家的数量和经济实力正在不断增强，他们的想法、视角和行为很可能将对全球产生影响。

　　过去10年里，很多中国企业家成功地走向世界，例如进入美国的联想集团和进入欧洲的华为集团。马云最近提出要让阿里巴巴走进美国，带动100万个就业机会。[37] 随着中国经济重要性的不断提升及中国与全球各国贸易额的持续增长，中国对全球的影响力也在不断加强，集体式慈善也许将成为中国全球"软实力"战略的重要组成部分。

　　另外，暂且将与中国企业家的渊源搁在一边，集体主义慈善本身可能被全球各地的慈善家视为一种新模式。美国慈善家对更紧密的协同合作和资助协作效应表现出越来越大的兴趣，例如，气候工作基金会由三家大型基金会于2008年共同发起成立。中国企业家积累的实践经验可能为如何更有效地开展集体式慈善提供借鉴。

　　虽然中国集体式慈善有很多优点，但也需要对它批判地审视。例如，中国企业家有时候偏爱匿名捐赠或完全不捐赠以避免引起媒体关注，因为引人注目可能会引发媒体或政府对其财富来源的调查。集体式慈善对企业家具有吸引力，可能是因为它可以提供一种保护，使个人免受审查。

　　无论如何，我们相信，中国的集体式慈善是一个重要进展，不仅对中国很重要，对全世界也很重要。中国企业家和商业人士之间建立起了活跃的人际关系，并将其不仅用于商业，也用于行善。集体式慈善的战略不仅让参与其中的企业和企业家获益，也可以提升企业家个人的社会资本，拓展他们的社会关系网络，帮助企业家和他们的员工营造一个和谐环境。

了解集体式慈善有助于回答为什么中国企业家似乎不像他们的西方同行那样慷慨捐赠，也有助于进一步了解中国的商业模式、慈善环境及其根植于斯的中国文化。

注释

1　*Hurun Global Rich List 2016*, Huron Institute, 2016.

2　*Global Wealth Report 2015*, Credit Suisse, 2015.

3　*Past Philanthropists: How Giving Has Evolved,* Trade Union Congress of the Philippines, 2012.

4　*China Philanthropic Donation Report 2014*, China Charity Information Centre.

5　"Collectivism is defined as a social model in which members are more invested in the interests of the group to which they belong than to their own individual interests. Cooperation is valued more heavily than competition in collectivist cultures, and group needs and preferences take precedence over those of the individual. Core values of these types of cultures include social embeddedness, collective identity group solidarity and group decision-making." Ed. Shane J. Lopez, *The Encyclopedia of Positive Psychology*, Hoboken, N.J.: Wiley-Blackwell, 2009.

6　Jack Ma's speech at the 2015 United Nations Climate Change Conference, http://tech.qq.com/a/20151206/022491.htm.

7　"The Paradise International Foundation" was founded by Jack Ma and Pony Ma. http://www.pfi.org.cn/news/news-id/12/.

8　Giana Eckhardt, "Culture's Consequences: Comparing Values, Behaviors, Institutions and Organisations Across Nations," *Australian Journal of Management*, vol. 27, no. 1, 2002: pp. 89-94.

9　Benjamin Schneider, Mark G. Ehrhart, and William H. Macey, "Organizational Climate and Culture,"

Annual Review of Psychology, vol. 64, 2013, pp. 361-388.

10 Shinobu Kitayama, Hazel Rose Markus, Hisaya Matsumoto, and Vinai Norasakkunkit, "Individual and Collective Processes in the Construction of the Self: Self-Enhancement in the United States and Self-Criticism in Japan," *Journal of Personality and Social Psychology,* vol. 72, no. 6, 1997, pp. 1245-1267.

11 Harry C. Triandis, Christopher McCusker, and C. H. Hui, "Multimethod Probes of Individualism and Collectivism," *Journal of Personality and Social Psychology,* vol. 59, no. 5, 1990, pp. 1006-1020.

12 Michelle Downie, Richard Koestner, Elizabeth Horberg, and Silje Haga, "Exploring the Relation of Independent and Interdependent Self-Construals to Why and How People Pursue Personal Goals," *Journal of Social Psychology,* vol. 146, no. 5, 2006, pp. 517-531.

13 Ibid.

14 Ye Wang, "Individualism/Collectivism, Charitable Giving, and Cause-Related Marketing: A Comparison of Chinese and Americans," *International Journal of Nonprofit and Voluntary Sector Marketing,* vol. 19, no. 1, 2014, pp. 40-51.

15 Nir Kshetri, "Institutional Changes Affecting Entrepreneurship in China," *Journal of Developmental Entrepreneurship,* vol. 12, no. 4, 2007, pp. 415-432.

16 Peter J. Peverelli and Jiwen Song, *Chinese Entrepreneurship: A Social Capital Approach,* Berlin: Springer Science & Business Media, 2012.

17 "Chinese Entrepreneurs Club Donated One Million on Reestablishing Schools in Disaster Areas," China Entrepreneur Club, May 2008.

18 Jinglun Zhang, "Changing Philanthropy into Collective Action," *Philanthropy in Motion,* August 2016.

19 Xiaojie Chen, "The Analysis of Private Enterprises Corporate Social Responsibility Implementation in the Harmonious Society," November 2012. http://zt.66wz.net/system/2012/11/09/011147736.shtml.

20 Houliang Song, "The Internationalization Road for Chinese Philanthropists," *China Philanthropist,* November 26, 2014.

21 "The Effective Philanthropic Method with Wisdom—Zhejiang Dunhe Foundation," China Foundation Center, 2014, http://www.foundationcenter.org.cn/baogao/lps/dh_anli.html.

22 Guangbiao Chen's Business Transition. http://finance.qq.com/a/20120322/006395.htm.

23 Tsu, Bp. Yu Yue, *The Spirit of Chinese Philanthropy: A Study in Mutual Aid,* vol. 50, no. 1, New York:

Columbia University Language, 1912.

24　Guoqiang Long, Simon Zadek, and Joshua Wickerham, *Advancing Sustainable Competitiveness of China's Transnational Corporations*, DRC/AccountAbility, 2009.

25　Xu-Hong Li and Xiaoya Liang, "A Confucian Social Model of Political Appointments Among Chinese Private-Firm Entrepreneurs," *Academy of Management Journal,* vol. 58, no. 2, 2015, pp. 592-617.

26　Li-Wen Lin, "Corporate Social Responsibility in China: Window Dressing or Structural Change," *Berkeley Journal of International Law*, vol. 28, no. 1, 2010, pp. 64-100.

27　Yingshi Yu and Zhijia Yu, *Confucian Ethics and Businessmen's Spirits*, Guilin, Guangxi: Guangxi Normal University Press, 2004.

28　See a Financial Times report at https://www.ft.com/content/e9a16066-15f1-11e6-9d98-00386a18e39d, among others.

29　Weiping Wang, "An Overview of Philanthropy Causes in Tang and Song Dynasty," *History Monthly,* vol. 3, 2000: 95-102.

30　Dali Ma and William L. Parish, "Tocquevillian Moments: Charitable Contributions by Chinese Private Entrepreneurs," *Social Forces,* 2006, pp. 943-964.

31　Qiuguang Zhou, "The Content and Characteristic Analysis of China's Modern Philanthropy Cause," *History Teaching,* vol. 36, no. 8, 2008, pp. 121-127.

32　Mayfair Mei-hui Yang, "The Resilience of Guanxi and its New Deployments: A Critique of Some New Guanxi Scholarship," *The China Quarterly,* vol. 170, 2002, pp. 459-476.

33　Chris Marquis and Mia Raynard, "Institutional Strategies in Emerging Markets," *Academy of Management Annals,* vol. 9, no. 1, 2015, pp. 291-335.

34　Jianjun Zhang, Christopher Marquis, and Kunyuan Qiao, "Do Political Connections Buffer Firms From or Bind Firms to the Government? A Study of Corporate Charitable Donations of Chinese Firms," *Organization Science*, vol. 27, no. 5, 2016, pp. 1307-1324.

35　Chris Marquis, Ying Zhang, and Shiyu Yang, "China Yintai: Developing Shared Value in China," Harvard Business School Case 415078, May 2015.

36　Christopher Marquis, Ying Zhang, and Shiyu Yang, "Shared Value with Chinese Characteristics: An

Interview with Shen Guojun, Founder, President and CEO of China Yintai," *Management Insights (MI)*, October 2015: pp. 120-129.

37 See http://www.cnbc.com/2017/01/09/alibaba-to-discuss-expansion-plans-with-trump-company-aims-to-create-1-million-us-jobs-over-the-next-5-years.html.

克里斯托弗·马奎斯（Christopher Marquis）：
全球企业可持续发展课程"塞缪尔·柯蒂斯·约翰逊"荣誉教授，康奈尔大学塞缪尔·柯蒂斯·约翰逊商学院管理学教授

李奇：
康奈尔大学塞缪尔·柯蒂斯·约翰逊商学院博士生

乔坤元：
得克萨斯州农工大学梅斯商学院博士生。

衷心感谢赛特尔学院（the Satell Institute）为本研究提供资助。

走出
普适化的迷宫

作者：玛丽·安·贝慈
　　　拉切尔·格兰斯特
译者：聂传焱

<blockquote>决策者需要不断面对普适化的难题：一个成功的模式如果放在别的环境中，能产生类似的效果吗？本文阐释的普适化框架提供了一个实用的方法来综合各类证据，以评估特定政策是否可能在某种新情境下生效。</blockquote>

Abdul Latif Jameel 反贫困行动实验室 2003 年创建于麻省理工学院，在全球拥有特聘教授和专业人员网络。2013 年，卢旺达总统希望我们提供整个非洲大陆各类社会发展项目的评估结果，以便为其国内决策提供参考。我们首先想到了在肯尼亚做过的一个艾滋病预防项目，名为"小心干爹"（Sugar Daddies Risk Awareness），它显著减少了艾滋病传播的一条重要途径——少女与"老男人"之间的性关系。一个随机对照试验发现，在给八年级女生和男生放映了十分钟的视频，并展示了年长男性艾滋病发病率较高的统计数据之后，这些学生的行为明显发生了改变：在随后 12 个月里，与"老男人"发生性关系以致怀孕的少女数量下降了 60% 以上。[1] 卢旺达政府也想知道该项目在卢旺达是否能奏效。

这项研究之所以引人注目，部分原因在于其研究方法：哪些女孩参与这个风险告知项目，哪些女孩只是继续接受标准课程教育，是随机的。由此，我们的政府合作伙伴就能够相信，危险行为减少了，应归功于这个项目。但是，如果他们在别的环境中复制这种方法，能产生类似的效果吗？

决策者不断面对这种普适化的难题：特定项目的效果是否普遍适用于其他情境。对于如何才能做出正确的判断，决策者之间长期存在争论。但是这些争论常常被那些令人费解的无益的问题困住，例如，决策者是该依赖来自当地的不太准确的证据，还是该依赖来自其他地方的更精确的证据呢？在推广某个方案之前，是否永远需要在当地先进行一次新的试验呢？

这些问题本身就是伪命题。精准严格的影响力评估并非旨在替代当地数据，而是提高其利用价值。当地机构拥有的具体知识与关于普遍行为的全球性知识之间存在着互补性，这种互补性对于贫穷行动实验室的哲学原理和实践至关重要。

四种具有误导性的思路

为了阐明我们的工作理念，有必要先审视一下有关基于证据决策（evidence-based policy making）的四个常见的但具有误导性的思路。我们的工作正是为了解决这些问题。

1. 一项研究只能为当地提供政策依据吗

考什克·巴苏认为，一项在肯尼亚做的影响力评估绝对无法向我们提供任何关于在卢旺达应该怎么做的有用信息，因为我们不能确信评估结果是否适用于卢旺达。[2]诚然，我们永远无法准确预测人类的行为，但社会科学研究的目的就是描述出能够成为指南的一般规律。比如，一般来说，价格上涨需求就会下降。对决策参考来说，描述出在各种条件和时间段中发现的普遍行为规律特别重要。最好的影响力评估就是为了检验这些关于人类行为的普适性命题。

2. 我们是否应该只使用从特定地点获得的证据

为了确保方案或政策在当地有效,一些研究者,如兰特·普利切特和贾斯汀·桑德福认为,即使质量不太好,决策者也应该主要依靠本地提供的所有证据。[3] 高质量的本地数据当然非常重要,但如果因为来自其他国家、地区或城镇的证据可能在普适性上存在风险,就建议决策者们忽略这类证据,那就会浪费宝贵的资源。挑战在于,如何将本地信息与全球性的证据匹配在一起,并利用每个证据来帮助我们理解、诠释和补充其他证据。

3. 在规模化推广之前,是否一定要在推广地进行新的随机化评估研究

针对推广地的适用性问题,一种解决方法是利用全球证据库作为政策理念的来源,但在规模化推广之前,始终要在当地对该项政策进行一次随机化的评估研究检验。鉴于反贫困行动实验室非常关注这种方法,我们的合作伙伴通常认为,我们一定会建议在当地重新做一次随机化评估研究——但我们并没有这样做。在资源和评估专业技术非常有限的前提下,我们无法严格地检验全球每个国家的每项政策。我们需要确定优先事宜。例如,对于有条件现金援助(conditional cash transfers)带来的影响,我们在九个中低等收入国家中进行了十次随机化评估研究,并对此进行了三十多项分析。尽管对这些方案的最优设计还有待进行更多的深入研究,但是,在许多其他扶贫政策尚未经过严格检验的情况下,将有限的资金用在对有条件现金援助的每个新方案都做随机化影响力评估上,显然不是最佳选择。

4. 在规模化推广之前,对同一个方案或政策是否需要进行特定次数的重复检验

我们被问得最多的问题之一是,一项研究需要在不同情境中重复多少次,才能让决策者信赖在其他情境下研究得出的证据。我们认为这种考虑证据的方式是错误的。在某

些案例中，同样的方案会在多个地点进行检验。例如，为帮助七个国家的赤贫者，我们对某个分级强化项目进行了相互一致的七次随机化对照试验，结果表明，它们在大多数情况下都产生了积极的影响。我们在决策时应高度重视这类证据。但是，如果我们只采用已重复多次的研究结果，我们就丢弃了大量潜在的相关信息。

机制是核心

在决定是否在卢旺达引入特定的艾滋病预防倡导方案时，以上四个误导性思路都有可能成为通往正确方向的阻碍。这是因为它们忽略了通过评估可以获得的关键洞察力：评估可能会揭示机制是如何运作的，即人们为何以此方式做出反应。[4] 聚焦于机制，然后判断某种机制是否适用于新的环境，对决策来说具有许多实用价值。

首先，这种聚焦会促使人们留意更多相关证据。在考虑是否实施一个具体的政策或方案之时，我们可能没有足够的有关该方案的现成证据。但是，如果我们从一个更具有一般性意义的行为角度提问，就有了一个深厚的证据基础。例如，设想某个公共卫生机构希望鼓励医疗服务人员推广流感疫苗的接种，他们正在考虑是否告知这些服务人员，由他们负责的患者的流感疫苗接种率与其他同行负责的患者的接种率相比较的结果。根据一篇文献综述几乎不可能对这一具体做法进行准确评估。然而，如果提出概括性的问题，即人们在了解了其他伙伴的行为之后，会如何改变自己的行为，那么我们就敢言之凿凿。

其次，基本的人类行为比特定项目更具有普适性。例如，拉切尔·格兰斯特协助评估了非营利机构"寺庙义工"（Seva Mandir）在印度农村执行的某个项目。该项目定期举办流动的疫苗接种的现场活动，在随机选择的现场活动中，每当儿童接受免疫接种之时，其父母就能获得一公斤小扁豆，在最终完成免疫接种计划后，其家长会获得成套的金属盘子。结果，在采取激励措施的活动的周边社区，孩子的全面免疫接种率飙升至36%，而对照社区则仅为6%。[5]评估发现，问题并不在于家长对疫苗接种持怀疑态度。即使没有激励，78%的儿童至少都会接种一次疫苗。但激励措施有助于父母定期带孩子前来接种，直到完成整个免疫接种计划。

用小扁豆来鼓励接种疫苗的方案可能不适用于其他情境：在世界其他地区，小扁豆可能不是特别具有吸引力。然而，人们无法坚持有益未来身体健康的行为则是一种普遍现象：只要想想所有那些半途而废的节食计划和未使用的健身卡就知道了。我们也会发现另一个普遍的现象，即人们是否采纳预防性健康措施会受到价格的影响。一项在五个国家、对六种预防性保健产品进行了六次以上随机评估的结果显示，小幅降价可以大大增加人们对预防性保健产品的需求。[6]上述免疫接种项目的激励措施可以延伸这个发现，因为流动免疫接种能够降低儿童就诊的总体成本，包括交通成本和时间成本。

但有必要强调的一点是，尽管可能有违直觉，更多基于理论或"学术性的"影响力评估对于政策目的可能特别有用，因为它们旨在提供一般性的经验教训。某些研究人员认为，我们应该对那些仅仅适用于特定组织的问题做出更多的评估。例如，帮助"寺庙义工"了解小扁豆还是小麦面粉会对当地家长有更好的激励作用。[7]但是，回答更理论化的问题，例如，预防性健康措施的采纳程度是否具备高度的价格敏感性，可以指导世界各地许多其他组织的实践活动。

最后，聚焦于各种机制可以让我们识别出具体的当地证据，可以帮助我们预测它在新的情境中是否能够产生同样的效果。常识表明，如果新的情境类似于最初考察该项目时的情境，我们更有可能在新情境下发现类似的结果。但是，"类似"是什么意思呢？是指地理位置相近、收入水平相同、人口密度相同或者识字水平相同吗？这个问题并没有绝对的答案。它取决于我们关注的行为，也取决于理论。

那么，"理论"又是什么意思呢？理论能够简化世界，帮助我们做出关于行为的预测和检验，并预测和检验哪些政策可能有效，以及它们可能在哪些地区有效。有很多方法可以对世界进行简化和概括。经济学理论有助于我们在各种简化的要素中找到优先事项。例如，在上面的例子中，小扁豆的重要性来自它们在当地深受青睐。行为经济学理论也表明，相对于急症护理的价格，人们对预防性健康措施的价格更为敏感。因此，如果我们想要归纳促使人们采取预防性保健措施的激励性经验，在新的情境下，人们更加注重急症护理而不是预防性健康措施，对此我们就应该保持一种更加谨慎的态度。

免疫项目的相关性理论也表明，只有当父母能够可靠地获取疫苗并且不强烈反对疫苗接种时，激励措施才会产生效果。因此，"类似"的情境可能意味着大量儿童至少接种过一次疫苗（这表明民众可以获得接种，且对疫苗接种没有强烈的反感），但他们的父母未能坚持完成全部接种计划。

普适化框架

在反贫困行动实验室，我们采用普适化框架（The Generalizability Framework）来整合不同类型的证据，包括越来越多的社会项目随机评估的结果，以帮助各方基于证据进行决策。我们建议使用四步骤的普适化框架，力求在每个步骤中回答一个关键问题：

步骤 1：这个项目背后的分解理论是什么？

步骤 2：当地情况是否适合运用该理论？

步骤 3：形成所需要的一般性行为变化的证据有多么可靠？

步骤 4：如何证明整个干预过程能够很好地予以实施？

要了解这个框架的工作原理，我们不妨来观察现实世界政策困境的几个例子。在应用这种普适化框架时，我们的首个案例研究涉及儿童免疫接种，这是已知的最为经济有效的健康干预措施。世界卫生组织估计，提高免疫接种率可以挽救 150 万人的生命。我们上述在印度的研究结果表明，如果向家长提供小额激励措施，并在同时利用就近的流动诊所提供可靠的服务，就能够让全面免疫接种率增加为原来的 6 倍，从 6% 提高到 36%。[8] 塞拉利昂的五岁以下儿童死亡率位居全球前列，该国可以采取这种方法吗？印度的哈里亚纳邦或巴基斯坦的卡拉奇市呢？

如果我们将评估视为一种测试"黑匣子"的方案——假定我们不能理解现有的机制——我们就会询问，目前已经进行了多少次影响力评估，以考察免疫接种激励措施和免疫接种率之间的关联度。由于仅有一次精确的影响力评估来估测这种关联度，我们可能得出的结论为，支持这个方案的证据相当薄弱。然而，对于该方案背后的不同理论因素的证据评估表明，这种关联度背后的证据可能比乍看起来要多得多。

步骤 1：正如我们前面讨论过的那样，对印度疫苗接种项目的原始研究背后的原理是，父母希望让孩子接种疫苗，或至少没有强烈地反对接种疫苗。他们坚持完成该计划的意愿会受到小小的价格波动的影响。带孩子就诊的时间和交通等小额成本可能阻碍家长们坚持采取预防性健康行为。这种证据带来的信息比黑匣子方法的知识要走得远得多（见图1）。

步骤2：反贫困行动实验室正在与塞拉利昂、巴基斯坦卡拉奇市和印度哈里亚纳邦等政府合作，以确定当地是否满足该方案所需的条件。要确定某些基本条件（如诊所是否定期开放，疫苗供应是否可靠），就必须了解当地机构。公开的数据也很有用。特别是，如果大多数儿童会接受至少一次免疫接种，但是随着接种计划的推进，接种率逐渐下降，就表明与印度原始研究中观察到的问题类似。塞拉利昂、卡拉奇市和哈里亚纳邦都符合这种模式。

步骤3：接下来涉及行为条件的证据。大量证据表明，全球民众对高效预防性健康

免疫接种激励措施的普适化框架

免疫项目的激励措施	当地情况	行为上的普适教训	地方实施	完成免疫率上升
	1. 父母想让孩子接种 2. 父母能与诊所联系上 3. 能保证到诊就已足够 4. 全免疫时间表完成显著	1. 避免过度接种的最小风险 2. 父母拖延接种或不履行接种时间表 3. 父母对预防性健康的价格高度敏感	1. 激励措施投放到诊所 2. 激励措施投放到父母	

图1 免疫接种激励措施的普适化框架

措施的投入不足，然而却花费大量资金用于急症护理。[9]还有很多证据表明，预防性医疗保健价格的小幅变化可以大大提高（预防性健康措施的）采纳率。[10]此外，小额激励措施对健康行为具有惊人的巨大影响。[11]

步骤4：在最后一步，我们重点关注在当地实施的细节。我们找出解决方案，以便确保激励措施通过诊所和卫生工作者提供给让子女进行免疫接种的家长。而采取什么激励措施、如何提供、如何进行监督，可能需要根据当地情况加以调整。

在卡拉奇市和哈里亚拉邦，由于可以直接向家长提供安全的电子付款，大大减少了妨碍推广免疫接种激励措施的物流问题。在塞拉利昂，贫困农村地区的移动支付渗透率低，这种做法不太可行。然而，由于塞拉利昂普遍存在营养不良的问题，众多机构都渴望向孕妇和哺乳期母亲提供强化食品。而当地的试验表明，这些强化食品备受青睐。因此，在塞拉利昂，接下来需要考察是否能够有效地将食物分发给带孩子接受免疫接种的父母，是否能将食物送到预期受益者手中，分发食物是否阻碍了免疫诊所的顺利运行。

如果分发食品以鼓励免疫接种的做法在塞拉利昂显得过于困难的话，我们也不应该得出这样的结论：原始研究不具备普遍适用性。我们能发现的只是这个方案在当地未能成功执行，而不是民众对激励措施的潜在行为反应模式存在差异。

从肯尼亚到卢旺达

我们有时候并不执行普适化框架的每个步骤。让我们通过第二个案例研究来说明这一点。重新回到卢旺达政府关于预防少女怀孕的问题。我们如何判断，在卢旺达向青春期的女孩们讲解男性年龄与艾滋病之间的关联度有助于缓解这个问题呢？在这个案例中，我们仅仅采用了前两个步骤。

步骤1：首先，我们考量了肯尼亚艾滋病病毒信息项目背后的理论（见图2）。处

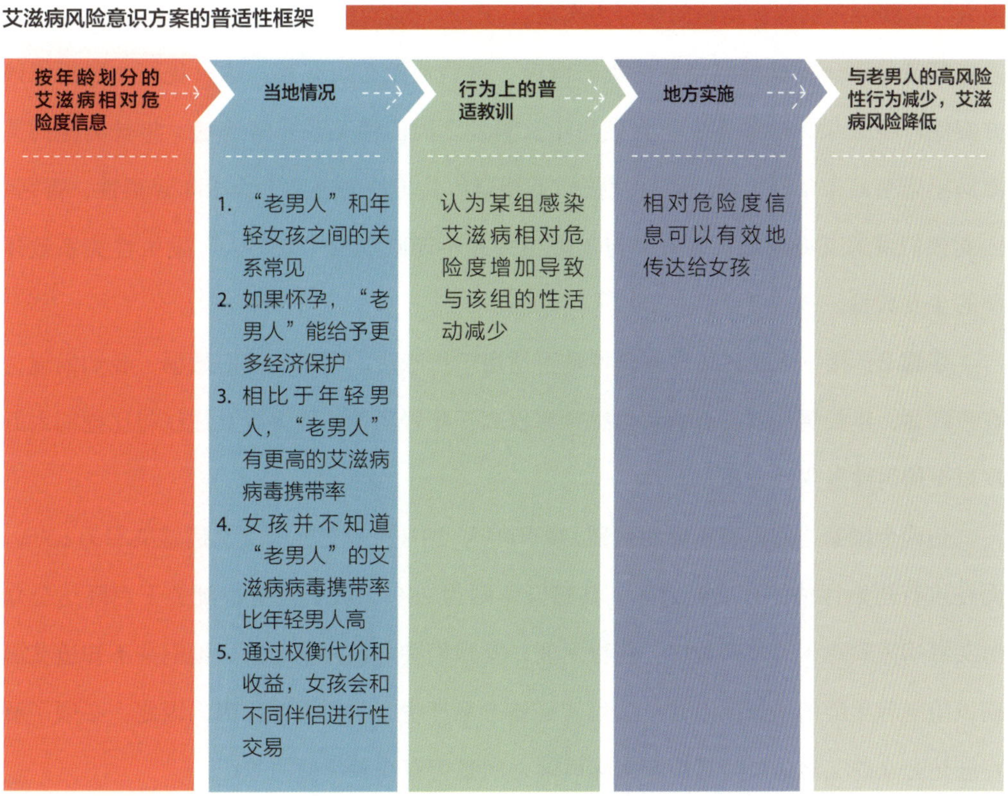

艾滋病风险意识方案的普适性框架

按年龄划分的艾滋病相对危险度信息	当地情况	行为上的普适教训	地方实施	与老男人的高风险性行为减少，艾滋病风险降低
	1. "老男人"和年轻女孩之间的关系常见 2. 如果怀孕，"老男人"能给予更多经济保护 3. 相比于年轻男人，"老男人"有更高的艾滋病病毒携带率 4. 女孩并不知道"老男人"的艾滋病病毒携带率比年轻男人高 5. 通过权衡代价和收益，女孩会和不同伴侣进行性交易	认为某组感染艾滋病相对危险度增加导致与该组的性活动减少	相对危险度信息可以有效地传达给女孩	

图2 艾滋病风险意识方案的普适性框架

于青春期的女孩会权衡性关系本身以及与不同伴侣发生性关系的利益和成本。女孩们能够通过与"老男人"发生性关系获得各种利益。特别是，如果她们怀孕，年长男性能够给予更好的经济照顾。但与年长男性的性关系也有风险：年长男性更有可能感染艾滋病病毒。如果女孩们不知道年长男性比年轻男性更有可能携带艾滋病病毒，那么，这种关系就显得更有吸引力。知道相对风险会改变她们的风险-利益计算，减少青春期女孩与"老男人"之间无任何保护措施的性行为次数。

理论的第一步就是对当地情境的假设，这些假设必须有效，然后我们才能指望该方案能产生效果。除非青少年女孩与年长男性之间的性关系非常普遍，年长男性的艾滋病感染率高于年轻男性，而且女孩们不知道年长男性的感染率高于年轻男性，否则，向女孩们讲解艾滋病病毒感染率与年龄相关并不能减少与"老男人"发生性关系致怀孕的少女数量。

步骤2：接下来是评估这些条件是否适用于卢旺达。利用公开的数据，我们发现，在卢旺达，年长男性的艾滋病病毒感染率也高于年轻男性，许多少女往往与比她们大五岁以上的男性发生性关系。

但两个国家之间也有重要的差别。在卢旺达，25~29岁男性的艾滋病感染率为1.7%，而在进行初始评估的肯尼亚地区，其感染率则为28%。我们没有找到关于卢旺达公众对艾滋病风险意识的公开数据。在肯尼亚，女孩们参与该方案之前，她们并不知道艾滋病风险随着年龄的增长而上升，这可能是该方案产生影响的主要原因。因此，必须了解卢旺达公众的艾滋病风险意识和实际风险之间是否存在着类似的差距。

在开普敦大学，由埃米丽·库皮托（Emily Cupito）领导的反贫困行动实验室非洲小组与卢旺达生物医学中心进行合作，以收集有关青少年男女对艾滋病风险意识的当地客观资料。这些数据显示，在卢旺达，大多数十几岁的女孩已经知道相对风险：她们正确地断定年长男性比年轻男性更可能感染艾滋病病毒。总体来说，卢旺达的女孩们非常了解不同年龄段男性的相对风险，尽管她们大大高估了年轻和年长男性的艾滋病感染率。例如，42%的学生估计二十多岁的男性中有20%以上会感染艾滋病病毒。只有1.7%的受访学生正确地断定二十多岁男性的艾滋病病毒感染率低于2%。

请注意，在最终确定该方案是否在卢旺达有效之时，其数据并不是来自影响力评估或随机对照试验。它们是快速（两周时间）收集上来的简单描述性或观察性数据，以便评估其条件是否能让方案生效。

将这些当地信息回置到我们的普适化框架之后产生了严重的隐患。如果信息宣传活动明显降低了青春期女孩对于与无保护性行为相关的艾滋病风险意识，却没有改变她们对年龄相关风险的意识，那么这个方案可能会造成青少年女孩与年轻或年长男性发生无保护措施性行为的增加。

因此，反贫困行动实验室不建议在卢旺达尝试"小心干爹"运动，转而建议探索其他减少少女怀孕的机制。然而，必须强调的是，我们并没有足够的证据证明该计划究竟如何，以及为何在肯尼亚取得了惊人的效果。我们也不能排除肯尼亚方案在卢旺达奏效的可能性。但是，显而易见，之所以卢旺达不采取这种做法，是因为理论上所要求的一些当地条件可能非常重要。在这种情况下，我们在步骤2后中止了，并提出了替代方法。

从印度到芝加哥

根据现行机制，在某种情境中学到的经验能够并且确实成功地运用到了其他情境当中。我们最后再举个例子来阐释这个话题。最近，我们芝加哥教育实验室的同事们与芝加哥公立学校合作，以帮助那些学业不佳的高中男生取得进步。他们与适配教育（Match Education）进行合作，利用随机评估测试了个性化的二对一辅导方案，该方案因大幅提高学生的数学成绩而获得了全美的关注。[12]

哪些因素决定了我们选择在芝加哥尝试个性化学习方案呢？研究小组不仅利用了得克萨斯州密集化辅导的准实验评估成果，[13] 还参考了在肯尼亚和印度进行的随机评估结果。没有人会认为后者的环境类似于芝加哥，但是，审视那些帮助落后学生提高学业的根本机制，我们就会在极其不同的环境中找到非常吻合的证据。

在肯尼亚，早期的随机评估发现，为学生提供新教材无助于改善孩子的学习状况，除非这些孩子已经是班级中的尖子生。[14] 这表明，部分问题在于，课程和教科书是根据班级中的部分而非所有学生的学习水平而设计的。后续评估考察测试了先根据初步学习水平对学生进行分组，然后由教师提供更具针对性的教学的做法，结果发现各个小组中的学生成绩都提高了。[15]

与此同时，在印度，致力于改善教育状况的非政府组织布拉罕协会（Pratham）也正在应对同样的挑战，招募当地志愿者教导年幼孩子学会基本的识字和算术能力。虽然背景和方法不同，但是该方案也采取了类似的根本机制：通过提供适当水平的重点教学，正规学习课程明显落后的孩子能够相对迅速地迎头赶上。在过去十年中，我们的同事与布拉罕协会合作，在不同的环境中——农村和城市，通过不同的人——志愿者或正式教师，在不同时期——教学、上学期间或暑假期间，反复检验辅导方案，效果一直很好。[16]

同事们在设计芝加哥学习方案时审查了所有相关证据，他们发现了与普适化框架相关的不同地区条件的类似之处。在芝加哥——与印度和肯尼亚一样——部分学生在课程上落后了好几年，但是现行教育体制鼓励教师们讲授与学生年级相应的学习资料，而不是针对学生实际学习水平进行补课。方案的实施也有相似之处：辅导者可以接受培训，以教授相应水平的学生，而不用担心无法管理需求各不相同的整个班级。匹配教育的方法是引进受过良好教育的个人，让他们愿意将此当作公共服务而以微薄的薪金工作一年，否则的话，这种做法（小组教学）会因成本过高而不太可行。与印度相同的是，由于教师不再需要经过专门培训以管理复杂的课堂，单单注重年级教学目标也失去了意义，因此，他们能够运行小组方案，并更容易控制成本。

这个例子表明，有效阅读文献需要寻找看似不同的研究成果之间的内在联系。对各种有效方案背后的共同机制的学术回顾对决策者有很大的价值，因为这能使他们深入了解从看似不同的情境中概括出来的基本行为。这迥然不同于某些政策圈子推崇的荟萃分析（meta-analysis）的新潮流。在传统上，荟萃分析往往用于医学，仅对不同研究所发现的结果进行平均化处理。虽然这类荟萃分析能够对一种特定类型的研究提供综述，但它无益于我们芝加哥的同事：将教材评估结果与其他投入（如椅子和书桌）的研究结果进行简单的平均化处理，而补习则被纳入另一组研究之中。荟萃分析不可能从这两种研究中挖掘出理论联系，因为这两种研究虽然理论出发点相同，却在考察不同的干预措施。

理解不同的情境

关注当地情境的人与做影响力评估的人经常被视为水火不容,但是这种看法是错误的。我们在进行影响力评估,并帮助政府将其经验教训融入政策的过程中,也对深入理解当地的情况满怀热情。普适化难题的核心在于,我们必须将任何实际的政策问题拆分成多个方面:利用当地的制度知识和客观数据来解答问题的某些方面,并同时利用其他情境下的影响力评估证据来解答另外一些方面。

本文阐释的普适化框架提供了一个实用的方法来综合各类证据,以便评估特定政策是否可能在某种新情境下生效。如果研究人员和决策者继续将影响力评估结果视为一个黑匣子,也不聚焦于机制,那么基于证据决策的运动就将远远无法发挥其改善人类生活的潜力。

注释

1   Pascaline Dupas, "Do Teenagers Respond to HIV Risk Information? Evidence from a Field Experiment in Kenya," *American Economic Journal: Applied Economics*, vol. 3, no.1, 2011, pp. 1-34.

2   Kaushik Basu argues that, because tomorrow is a new context, we cannot assume that a program that worked in Kenya yesterday will be effective in Kenya tomorrow. See his article "The method of randomization and the role of reasoned intuition," Policy Research working paper, no. WPS 6722, World Bank Group.

3   See Lant Pritchett and Justin Sandefur, "Context Matters for Size: Why External Validity Claims and Development Practice Do Not Mix," *Journal of Globalization and Development*, vol. 4, no. 2, 2013, pp. 161-197.

4   For a discussion of how experiments can be designed to test mechanisms, see Ludwig, Jens, Jeffrey R. Kling,

and Sendhil Mullainathan, "Mechanism Experiments and Policy Evaluations," *Journal of Economic Perspectives*, vol. 25, no. 3, 2011, pp. 17-38.

5　Abhijit Banerjee, Esther Duflo, Rachel Glennerster, and Dhruva Kothari, "Improving Immunisation Coverage in Rural India: Clustered Randomised Controlled Evaluation of Immunisation Campaigns with and without Incentives," *BMJ*, 340:c2220, 2010, pp. 1-9.

6　Pascaline Dupas and Edward Miguel, "Impacts and Determinants of Health Levels in Low-Income Countries," NBER Working Paper Series, no. w22235, 2016.

7　See Neil Buddy Shah, Paul Wang, Andrew Fraker, and Daniel Gastfriend, "Evaluations with impact: Decision-focused impact evaluation as a practical policymaking tool," 25, 3ie Working Paper, 2015.

8　For more details, see Dina Grossman, "Incentives for Immunization," *J-PAL Policy Briefcase*, November 2011.

9　See Michael Kremer and Rachel Glennerster, "Chapter Four: Improving Health in Developing Countries: Evidence from Randomized Evaluations," *Handbook of Health Economics*, edited by Mark V. Pauly, Thomas G. Mcguire, and Pedro P. Barros, vol. 2, 2011, pp. 201–315. Also see Pascaline Dupas, "Health Behavior in Developing Countries," *Annual Review of Economics*, vol. 3, 2011, pp. 425-449.

10　Jessica Cohen and Pascaline Dupas, "Free Distribution or Cost-Sharing? Evidence from a Randomized Malaria Prevention Experiment," *Quarterly Journal of Economics*, vol. 125, no. 1, 2010, pp. 1–45.

11　Rebecca L. Thornton, "The Demand for, and Impact of, Learning HIV Status," *American Economic Review*, vol. 98, no. 5, 2008, pp. 1829–1863.

12　Philip J. Cook, Kenneth Dodge, George Farkas, Roland G. Fryer Jr., Jonathan Guryan, Jens Ludwig, Susan Mayer, Harold Pollack, and Laurence Steinberg, "Not Too Late: Improving Academic Outcomes for Disadvantaged Youth," Institute for Policy Research Northwestern University Working Paper WP-15-01, 2015.

13　Roland G. Fryer, "Injecting Charter School Best Practices into Traditional Public Schools: Evidence from Field Experiments," *Quarterly Journal of Economics*, vol. 129, no. 3, 2014, pp. 1355–1407.

14　Paul Glewwe, Michael Kremer, and Sylvie Moulin, "Many Children Left behind? Textbooks and Test Scores in Kenya," *American Economic Journal: Applied Economics*, vol. 1, no. 1, 2009, pp. 112–135.

15　Esther Duflo, Pascaline Dupas, and Michael Kremer, "Peer Effects, Teacher Incentives, and the Impact of

Tracking: Evidence from a Randomized Evaluation in Kenya," *American Economic Review*, vol. 101, no. 5, 2011, pp. 1739-1774.

16　Abhijit Banerjee, Rukmini Banerji, James Berry, Esther Duflo, Harini Kannan, Shobhini Mukherji, Marc Shotland, and Michael Walton, "Mainstreaming an Effective Intervention: Evidence from Randomized Evaluations of'Teaching at the Right Level'in India," NBER Working Paper Series, no. w22746, 2016.

玛丽·安·贝慈（Mary Ann Bates）
反贫困行动实验室副主任
拉切尔·格兰斯特（Rachel Glennerster）
反贫困行动实验室执行董事

关于评估
的无谓之争

作者：安妮·杜弗洛
　　　海蒂·麦克安娜利-林兹
译者：聂传焱

为全球的贫困人口寻找出路不需要在理论和决策之间做出取舍，好的评估能够两者兼顾。

我们所在的机构——扶贫行动创新研究会（IPA）创办于2002年。这是一家主要从事研究和政策倡导的非营利组织，旨在探索和推广消除全球贫困问题的有效解决方案。迄今为止，我们已经与400多名学者共同合作，对包括加纳、菲律宾在内的全球多个国家的扶贫方案进行了650多次严格评估。

在推进工作的过程中，研究人员和实践者们紧密合作，以识别、设计和严格评估各种解决方案，这些方案都有理论和实地经验作为依据。我们的评估工作既为短期、实践性的政策制定提供服务，也为更长远的认知和决策制定提供信息支持。正因为如此，我们对最近评估专家们关于评估究竟应基于决策还是基于理论的争论深感困惑。

这场争论中，一方认为，严谨的评估应更侧重于帮助决策者及时做出判断，例如如何以最佳方式开展现金援助。而另一方则认为，应该基于理论来设计评估，以帮助我们了解诸如现金援助的运作机制和生效原因，以及它们是否能够在其他情境下同样生效。我们认为，争论的双方提出了一个非黑即白的错误论点。

这种区分方式意味着基于理论的评估并不为决策制定服务，但事实恰恰相反。我们已经知道，好的评估应该而且经常能够同时为这两者提供信息支持。如果评估者只对推进理论研究感兴趣，那么对其合作伙伴来说有损无益；如果仅致力于通过评估来完善相关的特定项目，则意味着错失了可以帮助数以百计也在努力解决同样问题的其他项目和机构的机会。

某些类型的决策并不需要通过基于理论的评估来得出答案，特别是那些时间紧迫的实务性决策。但是，能够同时兼顾理论和决策需求的评估总是更有力量。

以我们2010—2014年在赞比亚针对社区卫生工作者的研究为例，该研究是在纳瓦·阿西拉夫（Nava Ashraf）、奥利娅娜·班迪耶拉（Oriana Bandiera）和斯科特·李（Scott Lee）的领导下开展的。这项评估比较了招聘社区卫生工作者的两种不同策略：强调职业发展机会，或是强调对社区的贡献。我们发现，以职业发展为导向的信息吸引了更合格、更优秀的工作者。这项研究在很大程度上是为决策服务的：卫生部利用研究结果来决定如何招募更能干的社区卫生工作者。但这也是一项基于理论的评估：它帮助我们了解这些工作者的动机及相关的运行机制，即在卫生服务的最终效果上，哪种招聘策略更好。

并不是每一项评估都能满足眼前决策的需要。但是，如果评估的主要目的是帮助穷人改善生活，那么决策者就不仅需要对已有的项目和政策做出判断，还要能够决定长期该怎么做。他们要知道必须采纳哪些新的或有创新意义的政策，哪些政策在其他地方也有效、在什么情况下有效，以及某类干预措施如何在其他情境中发挥作用。

评估的三层推进模式

我们所制定的扶贫行动创新研究会战略既能帮助解答这些问题，亦可引导实践者做出相关决策。但是，我们不会将评估分类为基于理论或是基于决策，而是更倾向于将我们的做法视作一个三层推进模式，以此反映在一个项目完整周期的不同阶段，需要采取哪些类型的决策。

1. 概念验证

我们开展的大部分评估项目属于我们所说的"概念验证"研究，也是首次对一个想法的有效性进行评估。这可能意味着测试某个全新的设想（例如一个创新的存款产品），首次评估一项业已完善的干预措施（如小额信贷），或比较一个项目的不同实现方式（如价格补贴或招聘策略）。

我们在设计这些研究时通常会与研究人员和实践者合作，并帮助合作伙伴就正在开展或可能开展的计划或政策做出决定。例如，赞比亚的社区卫生工作者研究项目帮助政府部门更高效地招募了5000名社区卫生工作者。

这其中有一部分研究起初并没有与执行伙伴共同开展，因此可能被当作是仅基于理论的研究，但这些概念后来还是被执行机构所采纳。例如，在2009到2012年，经济学家欧内斯特·阿利提（Ernest Aryeetey）、伊萨克·奥赛－阿克托（Isaac Osei-akoto）、迪安·卡兰（Dean Karlan）和克里斯·伍德瑞（Chris Udry）开展了一项研究，旨在关注如何鼓励加纳农民投入更多资金来购买更好的种子和工具。这项研究比较了两种解决方案：第一种直接向农民提供现金，第二种则通过补贴降雨指数保险来帮助农民们管理农业风险。我们发现，限制他们投资的主要原因是农业风险，而不是缺乏资本。虽然我们在研究过程中担任了保险代理人的角色，但我们的研究结果说服加纳保险业引进了补贴降雨指数保险的模式。

在概念验证阶段，很多情况下是我们来帮助机构对项目做出决策。但在这个过程中，我们几乎无一例外地对现有机制的有效性及相关的人类行为学加深了认知，以此填补我们的知识空白，而这反过来能为未来的决策提供信息支持。

2. 概念引入

这个阶段包括测试一个项目的特定组成部分的关联性，例如某项机制在哪里实施、由谁操作执行、不同的运行模式是什么、项目的哪些部分最具成本效益等。当我们将概念引入不同的情境，就能加深对现有机制的理解，也因此能够拓展其普适性。

概念在各地的实地复制在这一阶段显得至关重要。这种复制包括不同的形式，从简单的"拷贝不走样"到在多种不同情境下进行全面调整的试验。前者能帮助我们更精准地提炼现有机制，后者的例子包括我们在 2015 年针对六个国家进行的"赤贫人口脱贫模式"（the ultra-poor graduation model）研究。这个大型项目表明，针对贫困引发的众多难题的"大推动"（big push）计划，同时提高了赤贫人口的生计、收入和健康状况。在进行此类实地复制时，可以通过不同类型的执行机构（如非营利组织或政府），或更大规模执行（例如，当项目从数个社区或地区推广到全国），来考察某一做法在不同地区或国家（如脱贫模式）是否有效。

在这个阶段，理论与实地复制相结合能让我们理解某一做法在离开初始评估情境后为何有效或失效，以及如何将某一概念从一个情境引入到另一个情境。如果这些引入显示某一特定理论适用于各种情境，那么，以此为依据的政策就会具备很大的影响力。例如，赤贫人口脱贫模式的成功复制推动了政府和发展机构将该模式推广到数百万人当中。

3. 倡导、制度化和规模化

在这一阶段，我们会协助将成功的机制嵌入现有系统当中（例如，将上述赤贫人口脱贫模式纳入政府的社保计划中），呼吁捐助者或政府大规模资助特定机制（例如，资助以学校为基地的驱虫计划），并引导实施者采取最有效的方式来执行项目（例如，执行驱虫计划时，免费提供蚊帐而不是收费）。

尽管为简化起见，我们将这称为第三阶段，但我们知道，只有在第一和第二阶段就不遗余力地吸引合适的决策者来关注、理解相关问题，并定期告知他们最新动态，才有可能获得他们的支持。

我们的目标不仅是推广成功的想法，更在于培养基于证据决策的文化。我们可以通过支持政府将基于证据的决策制度化，来大范围地拓展证据使用的领域。举例来说，我们和姐妹组织——阿卜杜勒·拉蒂夫·贾米尔反贫困行动实验室（J-PAL）一起与秘鲁教育部合作，协助在该部门内成立一个专门的实验室（MineduLAB），用于考察创新教育解决方案，并将有效方案运用到政策当中。

增加基于证据的决策

我们已经完成的第一阶段的工作远远多于第二和第三阶段。然而为了更好地支持基于证据的决策过程，我们认为需要更多的实地复制、更多的政策倡导和制度化。我们之前较少关注这些重要事项主要有几个原因：首先，这是个新领域，确实缺乏证据；其次，资助周期的压力和学术领域的现实使得概念验证更容易引发兴趣，因为这样可以缩短时间表，测试新的创新成果。但是，如果评估过程中的各个合作方都能采取几个关键步骤，我们就可以减少这些限制，推动评估革命突破概念验证的阶段。

捐助者应将评估视为前瞻性研发工具，而不是问责工具。只有优先为这类调查提供资金，研发活动才能成为知识获取的源泉。为此，有些项目仅仅需要良好的监测数据支持，有些还需要采用证据，另一些则能够从可靠的评估中受益。捐助者不应该鼓励过度评估——对，你没听错。过度评估有可能导致劣质评估，造成资源浪费，围绕各种解决方案的争论还会引起不必要的混乱。捐助者也应该容忍失败，鼓励机构不要掩盖失败，而是公开透明地揭示他们将如何做出调整。

出资者应致力于项目的实地复制，测试一个项目的多种不同执行形式，以确定其为何有效，并区分哪些内容最具成本效益。这么做的成本要高于为决定"做项目还是不做项目"所进行的普通随机评估的成本，但它也可以产生更明确的政策收益，并借此帮助在不同情境下工作的机构决定是否引入、如何引入来自其他地方的有效方案。

最后，捐助者还应考虑资助评估的第三阶段：倡导使用证据并支持其制度化。虽然与资助某项具体研究或干预措施相比，它似乎显得有点空泛，但这是将证据用于决策的关键环节。

学者和评估机构也应该把决策者视为评估项目的客户。虽然研究者的本职工作是为知识体系增加内容，但良好的合作伙伴关系有利于做出更好和更具影响力的评估。我们有个内部项目叫作"影响力：做好每一个项目"（Impact: One Project at a Time），旨在鼓励员工与评估合作伙伴及其他有可能对研究感兴趣的机构建立良好的关系。这有助于提高研究质量，并最终能帮助研究人员产生真正的影响力。

对实践者而言，如果没有评估的必要，不应该仅为了取悦捐赠者或利益相关者而推销影响力评估。实践者应该努力应用相关数据来引导决策，使用已有的严密证据来设计项目或者进行必要的修改，并使用简单的监测数据来跟踪项目是否按照计划执行。如果评估的时机已经成熟，只要实践者愿意放弃先前的假设，并愿意根据评估的结果改变当前做法，那么他们就应该进行评估。

无论从短期还是从长期而言，无论是尝试新想法还是将现有想法运用到其他情境之中，严谨的影响力评估应始终有助于决策的制定。评估同时也应有助于充实证据体系，并帮助我们最终实现项目的普适化。这两个目标之间并没有矛盾之处，在 IPA，我们力求同时实现这两个目标。

安妮·杜弗洛（Annie Duflo）
扶贫行动创新研究会执行董事
海蒂·麦克安娜利 - 林兹（Heidi Mcannally-Linz）
扶贫行动创新研究会政策和传播副主任

土著人健康组织的革命性创新

作者：莎莉·洪道夫
译者：邢蓓蓓

> 中南基金会正在将阿拉斯加土著人（Alaska Native）的传统治疗手法引入到医疗服务中，不仅使阿拉斯加土著人的福祉得到极大改善，还减少了医疗开支。它能为美国的医保改革提供一种模式吗？

2016年6月一个晴朗的早晨，来自世界各地的百余名医护人员乘坐大巴来到位于阿拉斯加州安克雷奇近郊的楚加奇山脚下。这里是阿拉斯加土著部落的医疗组织——中南基金会（Southcentral Foundation）的医院园区。这些从新加坡、南非和澳大利亚远道而来的访客，希望了解一种革命性的医疗改革模式。他们陆续下了车，手里握着智能手机，刚好撞见一头黑熊带着两个熊崽从营地周围的云杉林里走出来。这个黑熊家庭立刻就成了网红。

在初级医疗诊所里，还有更多惊喜等待着他们。公共区域装点着各种描绘阿拉斯加土著人风俗的艺术作品。休息大厅里，一个巨大的因纽特人（Inupiat，阿拉斯加土著人的一支）灵魂面具木雕覆盖了整个墙面，像太阳一样醒目。诊所各处的陈列柜里展示着阿拉斯加州各地的艺术家所制作的海象牙雕刻、编织篮和串珠制品。中南基金会表示，这些展品的工艺和美感无一不显示着土著人的骄傲、尊严和自信——这些品质都有助于增进健康。

中南基金会是一个由土著部落自己所有并运营的医疗组织，专为阿拉斯加土著人和美国的印第安人服务。这些人分散居住在美国面积最大的阿拉斯加州，过去一直未能享受充分的医疗服务。阿拉斯加州的面积相当于除夏威夷之外的美国其他48个州面积总

土著人健康组织的革命性创新 | 99

中南基金会安克雷奇土著人初级医疗中心的休息大厅的墙上，高悬因纽特人灵魂面具木雕。木雕下，阿拉斯加土著艺术家们正向前来看诊的人售卖自己制作的商品

和的四分之一，有200多个被视为独立部落的土著人村落。许多村落不通公路，仅能乘坐飞机或船只到达。即使在今天，阿拉斯加土著人有时还需要跋涉1000多英里（1609千米以上）去看病。

尽管有这些不利因素，中南基金会还是完成了他人看来不可能完成的任务：使用有限的开支极大改善了土著人的健康状况。基金会通过一个名叫"努卡医疗体系"（Nuka System of Care）的综合医疗体系，来缩小阿拉斯加土著人社区与美国其他地区的医疗服务差距。该体系结合了西医与土著人的传统医学，后者更强调思想、身体和精神之间的联系。它在治疗身体疾病的同时，也关注药物滥用、抑郁、家庭暴力，以及文化和社会归属感。

在医保开支不断增加、改革呼声高涨的今天，中南基金会代表了一种新的可能性：建立一个强调身心健康而非疾病治疗，注重社区关系而非盈利的体系。各类组织都从中南基金会身上发现，对健康的"全面认识"有助于建立一种降低成本的同时改善结果的模式。中南基金会的故事也体现了为医疗水平低下的社区提供医疗服务所要面对的独特挑战和可能性：这些社区居民的身体健康状况有其历史原因，但整体意义上的健康（wellness）则跟社会公正息息相关。

祖先留下的创伤

对中南基金会服务的社区来说，健康需要一个整体方案。这些社区面临的健康问题与其在历史上的残酷遭遇有关。欧洲殖民者带来的传染病在原住民社区中肆虐，他们失去了土地、语言、传统治疗方式和维生手段。这些苦难又带来了更多疾病。中南基金会的医生阿莉森·凯丽赫（Allison Kelliher）说："创伤留在了他们的身体中。"她将常规医疗和传统疗法结合起来服务病人。

医学研究已经证实了社会创伤和疾病之间存在着联系。凯萨医疗机构（Kaiser Permanente）和美国疾病控制与预防中心于 1998 年开展的一项研究经常被引用。这一研究结果表明，童年时期遭受的虐待和忽视与人的身心疾病有重要联系，并且会传给后代。表观遗传学认为，祖先的创伤经历写入了我们的基因编码中，可能导致抑郁症、糖尿病、心脏疾病和其他疾病。美国儿科协会 2014 年的一个报告显示，基因表现"受人生经历的影响极大"，这个现象被称为"创伤的生理机制"。华盛顿大学公共健康学院的教授邦尼·杜兰（Bonnie Duran）说："在表观遗传学看来，今天存在的许多健康差异都可以归为'殖民健康缺陷'，而这种缺陷恰恰是殖民化及后殖民时期所带来的结果。"

美国原住民（Native America，包括阿拉斯加土著人和印第安人）的整体健康数据不容乐观。根据印第安人健康服务中心的统计，美国印第安人和阿拉斯加土著人死于酗酒的人数是其他美国人的六倍以上，而死于糖尿病的可能性比其他美国人高出三倍。新生儿死亡率超过除非洲裔美国人以外所有其他种族。一些在其他地方已经根除的传染病，如结核病，仍然对原住民造成严重的威胁。在南达科他州的松脊印地安人保留区（Pine Ridge Indian Reservation），男性预期寿命为 48 岁，女性为 52 岁，这是西半球除海地以外的最低水平。

阿拉斯加土著人面临的境遇同样严峻。根据阿拉斯加原住民流行病学中心的数据，2012 年至 2015 年，阿拉斯加土著人死亡率比美国白人高 58%；在造成死亡的十类主要原因中，土著人在其中九类中的发病概率都比其他族群高，特别是酗酒、自杀、意外伤害和慢行肝脏疾病。阿拉斯加土著人的自杀率是美国白人的三倍，而 15 到 24 岁的原住民青少年自杀率差不多是同龄白人的九倍。

虽然这些数据不容乐观，但是中南基金会在过去三十载的努力已经让情况有了极大改观。从 2000 年到 2015 年，阿拉斯加土著人住院和急诊次数减少了 36%。其中，当前的急诊次数在全美国标准基线中列属于最低的 10%。自中南基金会 1984 年成立以来，因为癌症、心脏疾病和脑血管疾病造成的死亡数量分别下降了 26%、47% 和 59%，新生儿死亡率也下降了 58%，超过 80% 的新生儿接受了美国疾病控制与预防中心推荐的核心疫苗组合，接受糖尿病筛查、有效控制血糖的糖尿病患者人数在全国标准基线中列属最前列的 10%。这样的例子不胜枚举，而且这一切还都是在控制成本的情况下实现的。

中南基金会的成功也为它带来了很多荣誉。2011 年，它成为第一个获得美国波多里奇国家质量奖的部落组织机构，这是美国总统对表现卓越的组织的最高嘉奖。中南基金会的主席兼首席执行官凯瑟琳·佳特利（Katherine Gottlieb）也因为在医疗改革中做出的贡献，成为第一个获得麦克阿瑟天才奖（MacArthur "Genius" Grant）的阿拉斯加人。

如今，中南基金会已经成为国际社会都在学习的医疗改革模范。俄勒冈医保（CareOregon），一个波特兰的医疗保障计划，在引进了"努卡医疗体系"之后，不仅改善了病人的健康，还节约了 280 万美元的年度预算。切罗基族（The Cherokee Nation）和美国退伍军人事务部也开始效仿。哈佛医学院初级医疗中心也宣布，将计划根据中南基金会的医疗模式来改革其医疗体系，并将医生派往安克雷奇市接受现场培训。2011 年，中南基金会组织了一个关于"努卡医疗体系"的年度会议，以满足各地学习该体系的需求。

诞生于危机中

33年前，中南基金会还仅仅是一个社区医疗项目。对一个从起步便开始见证的人来说，所有这些成功是难以置信的。中南基金会当时需要面对的，是数十年被忽略的社区和低效的联邦政府所留下的烂摊子。事实上，直到20世纪中叶，联邦政府在整个阿拉斯加州的领土上扩大管理领域之后，医疗保健服务才开始出现。当时建立了一些专门收治肺结核病人的医院，并且在农村建立了一个社区医疗体系，主要由一些简陋的诊所构成。公共卫生护士在各个诊所之间巡回，管理疫苗、治疗疾病，只有极少数的村庄有固定的医护人员。

"二战"期间，由于资源被战争征用，多数医院被迫关闭。当时肺结核在阿拉斯加大爆发。这也是阿拉斯加历史上最近的一次传染病爆发，导致阿拉斯加土著人人口锐减。在20世纪上半叶，因肺结核死去的人数占到阿拉斯土著人死亡人口的三分之一，比普通人群高23倍。20世纪40年代，有四分之三的育空－库斯科奎姆河三角地区的原住民儿童感染了肺结核。而当时，全州仅有70张病床，远不足以为4000个已报告病例提供治疗。

除了缺乏基本的医疗服务之外，阿拉斯加土著人还面临着其他健康风险。当1959年阿拉斯加成为联邦州时，大多数生活在农村的人口没有安全饮用水和消毒设施，有自来水和电力的家庭少之又少。由美国内政部委托的帕朗报告（Parran Report）中指出，阿拉斯加的新生儿死亡率为10%，人均寿命46岁。两个世纪以来的资源掠夺和经济排斥造成的贫困更加剧了这些问题。1960年，阿拉斯加土著人的人均收入是美国白人的十分之一，超过三分之二的家庭在贫困线以下挣扎——这一数值是阿拉斯加白人的三倍多。

到了 20 世纪 60 年代末，新成立的阿拉斯加土著人联盟（Alaska Federation of Natives，AFN）不得不用"危机"一词来形容土著人的境况。尽管联邦政府努力扩大医疗服务的覆盖范围，但是当地人的健康状况仍旧不容乐观。联邦政府针对阿拉斯加土著人推行了"向贫穷宣战"项目，提供政府修建的房屋、政府拨款购买的食品和教育支持，但是贫困率仍然居高不下，特别是在农村地区。事实上，美国国会的一份报告指出，随着政府项目的推行，土著人的整体健康和社会和谐程度反而下降了。阿拉斯加土著人联盟坚称，（以上）这些问题的解决方案必须来自土著社区内部（而非联邦政府）。

从 20 世纪 60 年代开始，土著人社区向自决转变，而这起因于一个意想不到的资源。1968 年，阿拉斯加北坡的普拉德霍湾发现了石油，今天那里已经成为北美最大的油田。要把石油向南运输到瓦尔迪兹港口，则需要建立一条 800 英里（约 1287 千米）的输油管道，南北纵跨传统的土著人聚居区。阿拉斯加土著人联盟提起了土地所有权诉讼。联盟要求先确定土著人对那些土地的所有权。法院同意了。

诉讼结果带来了美国历史上最大规模的土著人土地权决议。1971 年出台的《阿拉斯加土著人土地权属解决法》将约占阿拉斯加面积九分之一的 4400 万英亩（约 17.8 万平方千米）土地判给由阿拉斯加土著人新成立的公司。尽管这个法案有着明显的缺陷，但是它为包括医疗保健服务在内的社区发展提供了资源。四年后出台的《印第安人自决与教育辅助法》为社区创造了与印第安人健康服务署（Indian Health Service）签订协议的机会：之前由联邦政府统一管理的项目，现在由社区自行运营。

印第安人健康服务署创办于 1955 年，其宗旨是解决印第安农村的健康问题，同时在有大量阿拉斯加原住民的地区修建医院。但这种政府提供的医疗服务代价高昂：原住民通过条约和其他合同出让土地，来换取医疗服务。尽管如此，印第安人健康服务署仍旧长期处于入不敷出的状态。相比其他通过如 Medicare、Medicaid（美国为 65 岁以上老人和低收入群体提供的两种联邦医疗保险）或美国退伍军人事务部等获得的医保金额，联邦政府给原住民的公共健康医疗拨款少很多。就连联邦监狱的人均医疗拨款都是原住民的两倍。这一差别从美国本土印第安保留区医疗设施的简陋就可以明显看出。

中南基金会的医务主任史蒂夫·蒂尔尼（Steve Tierney）医生说："作为一个在东海岸长大的人，我被蒙大拿州布朗宁、南达科他州阿伯丁和西南一些地区的落后惊呆了，简直就像是在第三世界。我以为他们至少有最基本的东西，但是在某些地方，所谓的医疗中心不过就是两辆拖车拼在一起。"

20 世纪 90 年代中期，蒂尔尼来到印第安人健康服务署在安克雷奇市的医院工作。"那时候的医院太可怕了！"佳特利回忆道。她曾经在自己长大的部落做医护助理员，从那里开始了她的职业生涯。1987 年，她加入了中南基金会，刚开始是接待员，第四年她就当上了首席执行官。

佳特利下决心要改变安克雷奇市原住民医疗中心的简陋状况。"进入医院必须经过急诊室，来看病的人经常要等上好几个小时。心脏骤停、外伤患者和感冒的婴儿都挤在一个房间里，婴儿啼哭声不绝于耳。"佳特利回忆道，"治疗简单粗暴，医护人员和员工们的态度也毫不温柔。他们按照我们的号码叫号，而不是叫我们的名字。我们从来都不会见到同一个医生，往往是急诊医生接待我们。墙面的油漆在剥落，地板有裂缝，破旧不堪，散发着异味。如果原住民能够把它接管过来，我知道我们一定能让它改头换面。"

获得所有权

在土地所有权解决以后，土著人组织趁热打铁，接管了整个州的土著人医疗服务系统。从物理空间到医疗模式，他们逐渐改变了整个体系。在土地所有权协议框架下，中南基金会于 1982 年成立，是土著人公司的非营利分支机构。它与印第安人健康服务署签署了第一个协议，从 1984 年开始提供部分医疗服务（牙科、眼科、社区健康和外伤治疗）。

当时，中南基金会的年度预算是 300 万美元，只有很少的几名工作人员。在接下来的十年，中南基金会将项目范围扩大到了药物滥用治疗、健康筛查和家庭保健支持。1994 年，它将原来医院的一个病区改造成了一个小型的家庭诊所。这是第一次，初级医疗服务不再由急诊室来提供。

20 世纪 90 年代末，中南基金会获得整个医疗服务体系的所有权，此后它才开始真正地改头换面。1998 年，中南基金会接手了已经扩张后的初级医疗体系，从第二年起，和阿拉斯加土著部落健康协会（Alaska Native Tribal Health Consortium）共同管理新的阿拉斯加土著人医疗中心。该中心由土著人和建筑师一起共同设计，于 1997 年开始运营，服务全州 13.6 万阿拉斯加土著人和印第安人。

既然整个体系已经交由阿拉斯加土著人管理，是时候该对它进行重新设计了。负责机构发展和创新的副主席米歇尔·蒂尔尼（Michelle Tierney）说："我们从根本上重新思考了提供医疗的方式。只改善局部是不可行的，我们必须改变整个模式。"蒂尔尼回忆，这些改变首先从提出一系列问题开始："如果你的病人是首席执行官、她的 50 个家庭成员和你的董事会成员，你会怎么做？如果我们治疗的是人，而不是疾病，又会发生什么？"

这些问题的答案来自社区内部。佳特利说："我们问他们需要什么。"基金会对社区成员和部落首领进行了大量访谈、调查和焦点小组讨论，以此来了解旧体系的不足，并知晓居民们对改变有何想法。可以说，努卡医疗体系完全建立在社区反馈的基础上。

结果就是这个令人称羡的医疗体系。综合医疗团队提供了先进的、以预防为主的医疗服务。每个团队包括一名初级保健医生、一名医务助理、一名负责协调的护士、一名行政助理和一名行为健康咨询师。他们都可以联系营养师、药剂师和专科医生。医生没有办公室，整个团队在便于沟通的开放空间中办公。团队效率取决于综合服务体系及医患之间的关系。医生薪酬不与门诊次数挂钩，而是与团队表现挂钩。病人"亦客亦主"，既以此来强调病人对自己的医疗负责，也强调他们可自行选择固定的医疗团队，保证治疗的持续性。

患者可以确保当天预约，当天门诊。"亦客亦主"的患者给自己的医疗团队打电话或发邮件，便会得到及时的回复。团队成员经常通过电话处理常规保健事务，因此医生的时间和门诊可以留给更复杂的问题。门诊等待时间很少超过几分钟。在一次门诊中，他们不仅可以见医生、咨询营养师，还可以在之后参加一节育儿和保健课程。顾客满意度达到了96%。

通过社区联系（connectedness）促进健康

然而，解决土著人社区的健康问题不仅需要提高医疗质量和覆盖率，还需要改变人们的行为习惯。今天，美国85%以上的医疗支出与慢性疾病有关。中南基金会主管医疗服务的副主席道格·艾比（Doug Eby）说："病人及其家庭掌握着控制慢性疾病的主动权，而现代医学忽视了这个事实。因为现代医学在一百多年前诞生时，是用来治疗传染性疾病或战争导致的伤残的。从始至今，现代医学在这些方面都很擅长，但在帮助人们获得健康生活上,它做得很糟。"

中南基金会的模式让顾客在医疗服务提供者的建议和支持下自行做出决定。艾比继续说:"这个体系的主要任务就是影响人们的日常行为,让他们在日复一日中做出更健康的选择,过上更健康的生活。"这种转变的关键是在医疗服务提供者和患者之间建立起"可信赖、可问责的长期的私人关系"。他强调说:"在改变行为习惯方面,土著人的智慧是全世界最棒的。"

土著人的智慧秉持着"生理健康是与社会、文化和精神联系在一起的"这一理念。这一理念不仅体现在医疗项目所传递的信息上,也影响了这些项目的性质。例如,对药物滥用和家庭暴力的治疗针对的是家庭和社区,而不是个人;对癌症的治疗则鼓励传统食疗,并用传统的方式来收集和烹制食物——这就包含了精神和社会层面。

中南基金会如今拥有 2000 名员工,年度运营预算超过 3.2 亿美元。其收入约有一半来自第三方(如私人保险、联邦医疗保险和医疗补助),其余部分来自印第安人健康服务署(43%)和联邦、州及地方拨款(5%)。"亦客亦主"的患者看病不需要从自己的腰包里掏一分钱,甚至连挂号费也不用。无论是否有支付能力,该体系对符合条件者一律来者不拒。如果病人从偏远地区到主要医院看病,路费也可以报销。全阿拉斯加有近一半的人都住在安克雷奇市,但是通过远程医疗和与 51 个村级诊所合作,中南基金会服务的人口覆盖了 10.8 万平方英里(约 28 万平方千米)。它的医疗团队也会定期到农村坐诊。

美国医保体系普遍注重创收,中南基金会却把重点放在控制成本上。蒂尔尼说道:"如果你在初级医疗上花更多钱,就可以在更昂贵的医疗上省钱。"对预防和综合医疗保健的重视直接减少了人们对专科治疗的需求和急诊次数。成本控制的另一个重要成功因素来自对身体健康与社会和谐、精神健康之间的联系的理解。在中南基金会建立的模式里，全面健康是通过加深文化层面的联结，促进家庭及社区的和谐来维系的。

除了初级医疗以外，中南基金会还有很多关于补充医学、药物滥用、心理健康和家庭健康的项目。它最著名的两个项目——传统治疗诊所（Traditional Healing Clinic）和"家庭健康勇士"计划（Family Health Warriors Initiative）——都展示了基金会是如何利用心理、身体和精神之间的联系来增进健康的。

借鉴传统的治疗方法

特德·马拉（Ted Mala）医生说："在核磁共振和CT扫描出现之前，传统疗法已经存在了一万年，一直维系着我们的文明。这一技术被称为心理神经免疫学：我们的大脑通过增强精神和免疫系统，帮助我们度过最艰难的时期。"马拉曾经是传统治疗诊所的首任院长，目前已经退休。传统治疗诊所在美国同类机构中是唯一一个获得了共同委员会（the Joint Commission）认证的医疗组织，共同委员会是一家美国医疗组织的认证机构。2001年，为了满足社区需求，传统治疗诊所开始运营，团队中有好几个部落医生。

在中南基金会，传统疗养是对"对抗疗法"的补充，部落医生与其他医生的地位相同。初级保健医生可以将病人转诊到传统疗养院，就跟转诊到其他任何专科一样。每个治疗师都有专攻的领域（比如止痛和肌肉骨骼矫正），并能够对症治疗。治疗方法包括触摸疗法、按摩、传统的调解和冲突排解、祷告、颂歌和舞蹈。部落医生用电子医疗档案记录疗程和效果，供初级保健医生查阅。

在中南基金会传统治疗诊所内,一位患者正在接受部落医生的治疗

治疗一开始,医生会就文化和社区与病人展开漫长的对话。马拉介绍说:"我们会讨论你是谁,你来自哪里,你对自己文化的了解程度,你的家人,等等。"正因为如此,中南基金会的安克雷奇医院总是给人一种置身于社区中心的错觉。公共区域(大堂和走廊)设计成了聚会场所,座位都排成圆形。聚集在那里的人们并不仅为了寻求治疗,也为了与朋友和家人碰面、喝咖啡。医院后面,医生和员工们在室外花园里种了一些用于治疗的药用植物。部落医生也会告诉"亦客亦主"如何在家识别和使用这些植物。

传统疗养诊所的医生需要具备大量传统文化知识,并且与其所在的部落社区有很好的联系。每个治疗师都要经历漫长的学徒期;然后,部落的长老会会决定学徒是否可以成为部落医生。传统治疗的目标不仅是治疗疾病,还是让养生实践渗透到"亦客亦主"的原住民的日常生活中——"注重预防"这一观念正在逐渐得到主流医学的肯定。

传统疗养诊所的经理一同与看诊的人在种植草药的院子里干活

治愈代际创伤

传统治疗师不仅治疗病人正在承受的病痛，也治疗病人从祖先那里接过来的重担——历史上延续数代人的创伤。中南基金会的另一个著名项目——"家庭健康勇士"计划——是一个将土著人的精神修行与治疗过程结合的项目，其核心就是关注创伤、身体健康和社会和谐之间的关系。

性暴力和虐待儿童是美国原住民社区面临的两大挑战。尤其是在阿拉斯加州，统计数据不容乐观。超过四分之三的阿拉斯加土著人妇女遭受过身体伤害，阿拉斯加家庭暴力中的妇女死亡率高居各州之首。在过去 32 年里，有 25 年阿拉斯加州强奸发生率全美国最高，受害者中大约 80% 是土著人妇女。阿拉斯加的儿童性侵案件的发生率是全美国平均值的六倍，其中有半数以上已证实案例中的受害者是原住民儿童。

"家庭健康勇士计划"是一个针对原住民社区和其外围社区家庭暴力、虐待儿童、儿童管照不良等问题的培训和教育项目。桑德拉·伯林（Sandra Bohling）是项目经理之一，波利·安德鲁斯（Polly Andrews）和马塞尔·伯杰龙（Marcel Bergeron）是培训师。伯杰龙说："数据虽然只是冷冰冰的数字，但是对我们来说，它们则是一张张面孔，是我们工作的对象，是我们的家人。"这种个人联系是促使安德鲁斯加入这项计划的原因。他说："我身边的每个家庭中都有孩子经历过这些创伤。"

发生这些问题的原因很难一一梳理，但是它们无疑与历史有关。20世纪中叶，传染病的爆发让很多孩子失去了父母。当这些孩子自己成为父母的时候，就没有了可以效仿的榜样。教堂和教会学校的扩张带来了其他风险。在阿拉斯加和其他地区，孩子们在教会和寄宿学校受到长期的虐待。10年前，天主教性侵儿童丑闻在阿拉斯加传出——原来，此前的几十年，天主教会一直把有恋童癖的牧师送到闭塞的土著人村庄去。在那里，由于贫穷、缺乏医疗设施和执法人员，猥亵的性虐待一直未被察觉。

当被问及以上数据的原因时，伯林、安德鲁斯和伯杰龙都提到了这段历史。安德鲁斯说："当我的祖母还是个孩子时，她的父母死于当时的某种传染病。今天她已经83岁了，她仍然会因为自己是个孤儿感到伤心流泪。所以我相信创伤和痛苦是会世代相传的。"

根据他们的描述，这种悲伤超越了单个家庭，蔓延到了整个社区。安德鲁斯说："就拿寄宿学校来说，从前我一直觉得人们伤心是因为被从自己的村庄带走，因而他们失去了身份，远离家乡。我不明白这对成年人和孩子的父母意味着什么。直到有一天，我家乡的一位老人对我说，'当所有孩子都离开了的时候，村庄变得如此死寂'。"

伯杰龙补充说："当人们的身份被剥夺时，他们需要用某种方式来应对，所以他们开始酗酒、吸毒或者用任何可能的方式来麻醉自己。当这种创伤被传下去的时候，如果不及时治愈，只会变得更加严重。"数据表明，酒精和毒品滥用大大增加了暴力和家庭暴力的发生率。

"家庭健康勇士"计划开始于1999年，目标是结束家庭暴力、儿童性虐待和儿童管照不良。除了提高人们对这些问题及其原因的认识之外，该项目还将个人见证作为治疗创伤的一种手段。伯林解释道："这么多年来，这么多代人一直对发生在自己身上的遭遇保持缄默。人们需要开口，把发生在自己身上的故事讲给愿意聆听的人，摆脱羞耻感。'那不是你的错，你当时只是个孩子。'仅仅这样一句简单的话也可以很有用。因为一直以来，他们都把问题归咎在自己身上。"

最初的培训通过会议的形式展开，要求受训者住在培训的营地。团队领导会以自己为例，分享个人故事，并且鼓励健康的人际关系。然后，参与者们向各自的小组分享他们的故事。参与者被要求剖析自己的过往如何影响了今天自己和他人的相处方式。心理健康医师会提供一对一咨询，项目也会在培训一年后展开后续调查。

这个计划取得了极大的成功。参与者药物滥用、抑郁和创伤症状平均减少了50%，焦虑症状减少了25%。大约三分之二的参与者称自己变得更加自信，并在文化归属感和精神健康方面得到了改善。这一结果令他们对他人和自己造成伤害的可能性显著降低。因为这些成果，这个计划获得了心理学界的肯定，并且获得了阿拉斯加公共卫生协会、国家印第安人健康理事会和其他组织颁发的奖项。

不稳定的资金来源

"家庭健康勇士"计划是佳特利最有热情的项目之一，这个项目对健康和谐的愿景与她本人的想法完全一致。"想象一下，一个5岁的孩子，无论男孩或者女孩，可以待在任何地方、任何环境。他（她）在房间的中央转着圈，感到很安全。对我来说，健康和谐的社区就是每个阿拉斯加土著人社区的 5 岁孩子都可以这么做。"

佳特利预计，在未来几年里能够让家庭暴力、虐待儿童和儿童管照不良彻底消失。她坚信，土著人社区拥有完成这个目标的力量。"我们就像想要把一头老虎赶出树林的人们。整个社区的人们站成一排，大声疾呼。我们彼此紧紧依偎、团结一致，无论男人、女人或孩子们。所以我相信，在未来十年，这头猛虎会被我们赶走，一去不复返。"

但是就像其他医疗组织一样，中南基金会面临着诸多财务和政策的不确定性。中南基金会主管财务的副主席李·奥尔森（Lee Olson）说，奥巴马医改方案的废除可能会让数万名"亦客亦主"的患者失去医疗补助，也会让一大批人失去从医疗保险市场平台中获得的保险。此外，受到石油价格下跌等因素影响，阿拉斯加面临着巨额财政赤字，来自州级的财政拨款可能会减少。其他风险则是部落组织特有的：印第安人健康服务署的拨款目前占基金会预算的 43%。特朗普政府班子上台以后，这也面临着很大的不确定性。奥巴马医改方案的废除也意味着其中的《印第安人医疗改善法案》作废——它规定部落医疗服务供应者可以从享有私人保险的患者那里获得部分报销。光这一点就意味着将有数千万美元的保险无法报销。

虽然面临财务上的不确定性，但与服务社区之间的紧密联系才是中南基金会的力量之源。在一个缺乏资源的时代，这个革命性的医疗模式通过与社区建立伙伴关系脱颖而出。无论前方有着怎样的挑战，土著人社区一定会继续共同努力。

莎莉·洪道夫（Shari Huhndorf）
美国原住民研究专业教授，加州大学伯克利分校族群研究系主任。她出版了大量关于美国原住民文化、历史和政治的著作。

舞蹈革命

作者：凯西·O. 布罗泽克
译者：黄伟鸿

_____ 非营利组织"木舞池"有效地运用艺术教育打破贫困循环，如今它正在以特许经营的方式推广这一成功模式。

请设想你领导着一个卓有成效的小型非营利组织，这一组织致力于帮助当地的贫困青少年考上大学。你想要扩展你们的创新性项目，但又担心会失去与本地社群之间已有的紧密、顺畅的联系。在这种情况下，你究竟该怎么办呢？

八年前，位于加利福尼亚州圣安娜市的一家名为"木舞池"（The Wooden Floor）的非营利组织就面临过这种窘境。当时，领导层探讨该组织未来十年的战略计划时，面临着一个关键问题：如何在现有经营活动的基础上将其成熟的项目模式发展壮大。三十多年来，该组织将艺术作为促进青少年发展和解决系统性贫困问题的主要手段：通过向儿童和青少年提供严格的舞蹈训练来鞭策他们在学业上有所成就。每一位完成木舞池课程的学生最终都成功考上大学，而且往往成为其家族里的第一个或第一代大学生。

木舞池的领导团队认为，他们有责任分享并推广木舞池的项目，但同时必须确保当地的经营项目还能有效运转。在圣安娜符合该项目申请资格要求的孩子中，仅有1%的孩子能够入围成为该项目的服务对象，而且当地的资助者需要确保他们的捐款将就地使用，而非在全美国范围内使用。

2008年的木舞池年度音乐会上，舞者们正在表演由马克·海姆编舞制作的舞蹈《强以难摧》。

其首席执行官道恩·里斯（Dawn Reese）表示："我们希望在当地保持灵活运转，并确保项目的全国性发展不会产生过度的开销。"因此，木舞池决定与其他非营利组织签订特许经营合作协议，来推广其通过高频度接触为青少年提供综合服务的模式。在这种合作方式下，木舞池将向合作伙伴提供长期的咨询和其他关键服务，为项目的实施助力。特许经营协议的条款确保了加盟费能覆盖相关成本，从而保证本地筹集的资金不会用于别处。

"我们向每位获得特许经营权的合作伙伴收取一笔加盟费，并就此向其提供'木舞池服务包'，其中包括实施项目所需的咨询服务、培训和课程指导。"里斯解释称，"这样，合作组织就可以在自己的管理、财务和品牌架构下独立运作。他们将有能力更快地打入市场，并从中获益。"

第一个特许经营合作伙伴"都市梦舞"（CityDance DREAM）在 2013 年年初与木舞池开始接洽。它是一家位于华盛顿特区的非营利组织，自 2005 年以来一直为缺少机会的青少年教授多种类型的舞蹈。它与木舞池之间的特许经营协议是在 2015 年 11 月签署的。在此之前，木舞池展开了一轮综合审查及一系列讨论、会议和实地考察，以评估该组织是否具备实施项目的领导力、财力和规划能力。

"特许经营合作可以在合作伙伴的社群里产生立竿见影的效果，因为他们与木舞池并肩合作，通过执行我们设计的战略帮助学生取得成功。"里斯说，"我们扶持合作伙伴，让他们学会如何与学生、家长和支助者沟通，并认识到这场十年之旅的重要性。"

追求出类拔萃

木舞池由贝丝·伯恩斯（Beth Burns）于 1983 年创立，她曾是圣约瑟夫天主教会的修女。木舞池最初只是一个服务于处境堪忧的孩子们的实验性舞蹈项目，其名为"圣约瑟夫芭蕾舞团"。整个机构只有一个 1200 平方英尺（约 111 平方米）的活动场地，直到 1999 年募集到了 680 万美元的场馆建设费和一笔捐赠基金，才搬到如今所在的面积为 21000 平方英尺（约 1951 平方米）的经营场所。2005 年，即伯恩斯退任首席执行官的那一年，木舞池首次达成了其长期目标：所有学员在高中毕业后都进入了大学深造。

木舞池持续帮助青少年充分发挥潜能：学员们连续 12 年保持了百分之百的大学升学率，成绩十分骄人。其学员大部分为拉美裔人。从 2006 年起，几家大型基金会为木舞池提供了能力建设经费，为深化和拓展其服务发挥了关键性作用。

木舞池项目的核心是纪律严明的芭蕾舞和现代舞课程，这些课程需要学员及其家人做出8~10年的承诺。课程的频率和长度会随着孩子的年龄增长而增加，从最开始的每周两节课慢慢增加到每周五节课，一直持续到十二年级为止。

从2006年起任职舞蹈教员的詹妮弗·巴萨奇·邦菲（Jennifer Basage Bonfil）透露："学员们通过舞蹈宣泄心中的情感，包括与学校有关的挫折感。我们看到舞蹈让他们变了样，他们开始大胆地吐露心声，这有助于进一步挖掘他们成功的潜力。"

为了提高学员及其家人的整体幸福指数，木舞池向其提供全面的学业和情感支持，包括：针对每个孩子情感发展的个案咨询服务，为父母和孩子提供协助的家庭咨询服务，推介其他组织为学员提供社会服务，关于健康、家庭教养和财务话题的讲习班，以及旨在提高其学术技能和成绩的大学预备课程。

木舞池的指导原则之一是：如果能向学员提供最好的支持，他们定会出类拔萃。这一指导原则对木舞池的运作产生了深远的影响。木舞池所在的经营场所是一座量身定制的建筑，它也反映了这种情怀。迈入大堂，满眼是拉美当代艺术品，这些艺术品来自一位捐赠者的私人收藏。三个专业的舞蹈教室面积为1700平方英尺（约158平方米）到2000平方英尺（约186平方米）不等，每个舞蹈教室都配有一面镜子墙和三面白色或米色的墙。明亮的橡木地板均有减震设计，而且所有舞蹈教室都配备了芭蕾舞扶杆和剧院级别的照明设备。

与其他青少年舞蹈表演项目不同，木舞池在招生时并不看重舞蹈技术。"我们重视身体协调性和跳舞的潜力——他们是否喜欢舞动身体。"邦菲说。

目前，已有375名学生被木舞池录取。这让入学竞争变得异常激烈。近几年，大约有400名候选人参加了只有75个录取名额的面试，他们的家人为了让他们有机会参加面试而提前几小时去排队。

年度音乐会是木舞池每年的重头戏。这是一场由来自外部的现代舞大师级人物编排的盛会，旨在创造出高价值的艺术作品。学员们在历经100多个小时的高强度排练后，有机会在正式的剧院舞台上进行为期三天的演出，尽情展现自己的舞蹈才能，这对他们来说是一次弥足珍贵的经历。每年通常有近200名学员参加演出，而参加演出的前提条件是必须在平均成绩、行为表现和上课出勤率方面达到一定的考核标准。

学业成绩是木舞池项目不可或缺的组成部分，而木舞池的职员和它推出的众多服务也一直在强调这一点。譬如，三年级至八年级的学员可以参加为期五周的讲习班，内容涵盖阅读、数学和科学或应试技巧等关键主题，这些课程全年提供，每周有两次课。当学员升入六年级时，木舞池就会更加注重落实长期目标。这些学员会受邀参加以社群成员为主的职业夜谈，并参加关于刻苦学习及其对大学和职业选择的影响的讨论。

学员们一旦进入高中，便可参加一系列与大学相关的课程。此类课程包括SAT（美国大学委员会主办的一场考试）和ACT（美国高考）备考、大学和职业规划辅导、助学金讲习班和面试技巧。为了帮助学员支付上大学的费用，木舞池为其80%的毕业学员提供4000~10000美元的奖学金。从2005年（有正式数据记录的第一年）开始，245名学员完成了木舞池的项目并顺利进入大学深造。

提供这样一个课程丰富、全面而周到的项目着实成本不菲。财务可持续是木舞池项目模式的基石。木舞池2015财政年度项目和辅助活动的总支出为260万美元，而每位学员的平均年度开销约为6900美元。其资金来源是多样化的：个人捐款占60%，基金会捐款30%，企业捐款6%，剩下4%是经营性收入。目前，捐赠基金的余额为340万美元，96%的学员不用缴纳任何费用。无论是在面试阶段还是学生入学期间，木舞池都对家长们提出了明确的期望：所有家长都要抽出时间参加相关志愿活动，购买音乐会门票，并为音乐会捐赠物资。

分享成功模式

华盛顿特区的"都市梦舞"过去只是六所公立学校的三年级到五年级学生的课外项目。学生们强烈希望这个项目能持续到初中，因而促成了该项目的扩展。

"过去，我们也为学生安排了学业方面的支持。"都市梦舞的创会理事凯利·奎因（Kelli Quinn）说，"现在，通过与木舞池的合作，我们有了一个基于既有成功模式的战略计划，而且还能得到木舞池的指导。"

都市梦舞目前正在开展一场目标为900万美元的筹款活动，用于在华盛顿特区建造永久性场馆，并大规模地扩展项目。该场馆将设有多个舞蹈教室、一个剧院、一个教育中心，以及多个家庭服务和咨询办公室，从而为学员扩招提供足够的空间。

"特许经营合作的模式对筹款和向家庭推荐都有帮助。木舞池有着经过时间考验的成功模式。通过与木舞池的合作，我们可以向大家展示，我们计划如何在财务和项目层面上发展壮大。"奎因谈道。

至于木舞池，它在本地的项目运转依然保持强劲态势。其在圣安娜的第二个工作室于2017年年底开业，该工作室将可以容纳100名新学员，当然，所有学员都必须通过面试筛选。该工作室位于为圣迭戈低收入劳工规划的一个住宅小区的仓储区域。这个小区是一个正在建设中的新工程项目，将为符合低收入及其他相关要求的家庭提供住房。该项目的开发商因深受木舞池项目的触动，允诺向木舞池免租提供 3000 平方英尺（约 279 平方米）的地面空间，至少持续 10 年，而且这一慷慨之举是在没有任何政府补贴的情况下做出的。

打破代际贫困传递是一个复杂的议题。木舞池的青少年项目已经取得了非凡的成绩；它丰富而全面的服务，几乎涵盖了儿童健康成长要素的方方面面。如今，它的积极影响可复制到其他社群。由此，木舞池特许经营的舞蹈项目将激发更多青少年获得成功，并为他们及其家人打开一扇通往更美好生活的大门。

凯西·O. 布罗泽克 (Kathy O. Brozek)
在非营利部门、私营部门和学术机构担任管理顾问。她是《美国农业转型》(*Transformation of American Agriculture*) 一书的作者。她的作品曾发表于《社群发展投资评论》(*Community Development Investment Review*)、《卫报》和 GreenBiz.com。

爱足球却找不到工作？
去经营足球俱乐部吧

作者：艾莉西亚·克莱格
译者：杨婷

> 社会企业"可行力"（Vi-Ability）正在通过足球来改变无所事事的英国青年，让他们对立业所必需的技能和经验产生兴趣。

在伦敦郊区埃尔特姆的一个社群中心，一群年轻人正围着电脑策划如何为一支足球队找到赞助商。19岁的基兰（Kieran，化名）正在网上搜罗吸引赞助商的线索。足球超级联赛的球场、运动员的球衣、短裤上的商标广告在屏幕上一闪而过。

基兰从小就不爱上学，他患有注意力缺陷多动症——安静地坐着和集中注意力对他来说很困难，而足球是唯一能引起他兴趣的科目。辍学之后，他成了一名闲散青年。

基兰正在找工作，而他此前从未有过职业经历。他的理想是做一名保安，现在他更接近这个目标了。这一定程度上要感谢"可行力"，一家英国的社会企业。

"可行力"利用运动的能量来帮助闲散青年改善生活。它并不是那种通过鼓励参与运动来寻求建立年轻人自信的传统项目。"可行力"教给年轻人商业技能，帮助步履维艰的社群体育俱乐部成长为可持续的商业机构。这么做不仅提升了青年人的就业能力，也使得他们所生活的社群变得更好。

"经营体育俱乐部"（Run the Club）是"可行力"的旗舰项目，为期8周。这个项目不仅教会了基兰如何写简历，而且还帮助他建立起了有秩序的生活。对基兰来说，每

"可行力"的首席执行官凯利·戴维斯（左）正和两位参与者商讨试点项目"经营体育俱乐部"的比赛日运营细节

天做到准时去上课，大大增强了他的自尊心。他说："当你一直习惯9点起床时，7点起床就需要一些决心了。"

"可行力"的创始人兼首席执行官凯利·戴维斯（Kelly Davies）发现，基兰的经历和很多年轻人相似。"传统教室实在不适合有些年轻人，所以他们会有反抗行为。"她说，"年轻人在不同方面拥有才华，但他们的才华未被挖掘。"戴维斯解释说，激励年轻人的方法之一就是将他们置于一个能调动积极性的环境中。显然，对运动爱好者来说，体育俱乐部是再理想不过的环境了。

一场足球复兴

在成立"可行力"之前，戴维斯是效力于威尔士国家队和英国顶级俱乐部的职业足球运动员。2008年，她在读MBA（工商管理硕士）期间留意到了两个趋势：一是青年失业率和辍学率的上升，二是许多社群足球俱乐部倒闭或濒临倒闭。她想到了一个"寓教于做"的办法：教授失业青年商业技能，让他们去帮助那些资金短缺的体育俱乐部存活下去。

为了测试这一想法，戴维斯雇用了18名失业青年，并接洽了位于北威尔士的科尔温湾体育俱乐部，俱乐部同意试一试。12周将结束时，所有年轻人都找到了工作。到了第一年的年底，一直亏本的俱乐部开始赢利了。

"可行力"于2009年启动，当时没有受薪员工。如今，这家社会企业已经有了16名员工，业务遍布整个威尔士，并进驻了伦敦。"可行力"2017年的目标是拥有400～500名学生。它在扩张的同时仍然保持着卓著的业绩。2016年，在它帮助的300名青年人中，76%毕业后或者找到了工作，或者选择接受继续教育、职业培训等。

在科尔温湾足球俱乐部的试点项目为"可行力"的"经营体育俱乐部"提供了蓝图。21岁的博比·比奇（Bobi Beach）2013年在北威尔士大学毕业后了解到该项目，当时他正对自己的下一步感到迷茫。"我真的不知道这辈子要做什么。"他说，"然而，我一直对足球感兴趣，所以我想我应该试一试。"在修完了8周的课程之后，比奇被"可行力"聘为培训师兼行政人员。比奇现正在登比郡政府见习，并为威尔士橄榄球联盟做裁判。

北威尔士的康维区足球俱乐部从2011年起便开始与"可行力"合作。该俱乐部副主席达伦·卡特赖特（Darren Cartwright）说，"可行力"的学生帮助俱乐部加强了与当地社群的联系。学生们还为俱乐部的筹款和社群的活动参与出谋划策，他们发明了团队吉祥物"史蒂夫向前冲"（一个由小孩子装扮的骑士），并提议使用俱乐部会员系统。"当人们处于对的环境时，他们的创意会好到令人惊讶。"卡特赖特说。许多学生也会志愿做活动干事、帮厨或足球教练，或协助制作俱乐部的比赛日节目。

尽管"可行力"刚开始的规模不大，但它很快就拿下了为威尔士政府和市政委员会提供就业能力培训项目的合同。2013年，德勤咨询公司接受"可行力"进入其社会创新先锋项目，并在2016年晋级到精英超级先锋项目。该项目为具有扩展潜力的高绩效社会企业提供全面、无偿的支持。英国德勤的高级顾问、"可行力"的独立董事蒂莫西·布里奇（Timothy Bridge）说，正是愿景和结果的结合，才使这个组织表现出色。布里奇注意到政策制定者们常常谈论要鼓励人们积极锻炼身体，但这就需要"让有能力的人去运营体育俱乐部，进而为大家提供运动机会"。

学习扩大规模

2014年，受英国内阁之邀，"可行力"申请到了社会创新基金中心（Centre for Social Action Innovation Fund）265500英镑的奖金，用于将其业务复制到威尔士以外的地区。这个项目将是一次学习机会；还可以预留一些资金，把它运用于评估什么是有效的，什么是无效的，并获得未来扩展的指南。戴维斯选择扩展到伦敦。英国的慈善组织内斯塔（Nesta）是社会创新基金中心的合作伙伴。内斯塔的高级项目经理卡丽·迪肯（Carrie Deacon）说，"可行力"的成长模式非常有意思：内斯塔与许多组织合作，可它们都在伦敦以外的地方扩展；"可行力"虽然起始规模不大，却能扩展到伦敦。

选择伦敦作为试点是一个严峻的挑战。首要的问题便是寻找合作的俱乐部。和威尔士不同，在伦敦，大多数半职业化俱乐部都伴有经济发达的社群和商业项目。同时，职业化俱乐部还设有见习生制度和培训制度——它们没有理由跟"可行力"合作。

"可行力"没有选择打道回府，而是调整了方法以适应当地需求。为了配合规模较大的伦敦俱乐部已有项目的扩展，"可行力"为像西汉姆联队、富勒姆队及米尔沃队这样的知名球队设计出了改良版的"体育俱乐部经营"。新项目的重点在于在以足球为主题的情境下教授学生就业技能，而不是仅仅提高主办俱乐部的商业战略。与此同时，为了把重心放在社群重建上，"可行力"深入到了那些没有商业战略更别提俱乐部会所的草根团体中，与这些小型业余俱乐部建立了伙伴关系。

　　扩展到伦敦并和知名球队合作，使"可行力"的形象和可信度在那些它想要吸引的年轻人中得到了提升。2015年，全国性社会企业会员机构——英国社会企业（Soical Enterprise UK）提名"可行力"为年度英国企业。然而，扩张也暴露出其模式中的一些漏洞。戴维斯认为这对一个试点项目来说是一件好事，只要能够通过管理来改善问题。暴露出来的漏洞之一便是"可行力"的组织不成熟：从一开始就依靠非常精简的方式来扩大规模，遇到人手不够时，戴维斯就会亲自介入。但当"可行力"已在两个城市建立了中心后，这种做法很快就变得不可行了。

　　其次是"可行力"的财务模式：它的项目优势吸引到了资助。然而，对资助的依赖也为它带来了困境。伊拉兹马斯+（Erasmus+）就是一个很好的例子。这是一个欧盟资助的项目，把学生安置在如AC米兰和SL本菲卡等领先的欧洲足球俱乐部里。当资助周期结束的时候，项目也就结束了。随后英国投票脱离欧盟，这意味着在未来新一轮融资中重启该项目的可能性几乎为零。对戴维斯来说，这其中的含义很明确："可行力"需要创造独立的收入。

　　为此，"可行力"正将其在体育方面的技能投入到创收活动中去。例如，它为功能饮料品牌"红牛"组织了一场企业社会责任日活动。该活动将企业员工和社群体育俱乐部进行配对，这些俱乐部需要改善资金和市场方面的建议。在德勤的帮助下，"可行力"还开发了一款叫《足球CEO》的手机游戏，这款游戏让热爱虚幻足球世界的球迷们可以去尝试复兴一个行将倒闭的足球俱乐部。迪肯相信这样的创业精神是个好的开端。"'可行力'发展到今天仍然愿意去尝试新的做法，这是一个积极的信号。"她说。

2016年，"可行力"的年收入仅为78万英镑。不过这个数字应该会提升：未来的创收战略包含了特许经营计划，这将为其带来回报。同时，"可行力"任命了一位新的非执行董事，他可以给戴维斯和她的团队带来战略、市场及财务技能方面的支持。托尼·科尔维尔（Tony Colville）是一名慈善和政策倡导行业的咨询顾问，也是"可行力"的长期顾问，他将这视为一个里程碑："目前，这个组织还在按照它初创时的规模运营着。新的董事会将会考虑如何针对目前的情况对组织进行重组。"

进军伦敦还为"可行力"提供了从商业领域获得免费技术与技能的机会。回到埃尔特姆社群中心，"可行力"与巴克莱银行的员工共同组织了一场模拟面试，18岁的贾马尔（Jamal）对此充满热情。刚开始做这个项目时，贾马尔在热爱体育和提高数学能力之间进退两难。现在，他想的是"可以拥有一段将运动和金融结合起来的职业生涯"。他即将在当地一所学校做见习行政管理，并已进入一所大学，利用业余时间学习财务和管理。他的终极目标是：成为一个足球俱乐部的财务总监。

艾莉西亚·克莱格（Alicia Clegg）(@aliciamargclegg)
英国自由撰稿人。她定期为《金融时报》撰稿，也曾为《卫报》、《今日管理》和《今日牛津》撰稿。

人道主义者的救赎

作者：埃米莉·特劳特曼
译者：黄伟鸿

奋斗在第一线的救援工作者通过"冥想疗愈项目"来对抗职业倦怠。

艾米特·菲茨杰拉德（Emmett Fitzgerald）清晰记得自己必须离开海地的那一刻。2010年那场灾难性的大地震摧毁了逾30万座建筑物，110万人流落街头。地震发生后，这位38岁的救援人员在太子港工作了两年。在海地的前六个月里，他管理着一个收容了2.5万名无家可归者的难民营。后来，他在国际移民组织政策部工作，并在太子港的联合国基地管理着5000万美元的救灾预算。

他打心底里感觉自己从事的拯救生命的工作至关重要。尽管工作压力大，每次合同到期时，菲茨杰拉德都会选择续签合同，咬牙干下去。"我知道我在做什么。"他坦言，"我知道这种状态持续不了多久。"

一天早上，菲茨杰拉德开车冲过一个又一个红绿灯，赶去参加一场他根本不想出席的会议。最终他迟到了，并因此被老板奚落一番。当菲茨杰拉德在一个十字路口停下时，有一个小孩来到他的车窗前，向他讨吃的。他突然发脾气，冲小孩大吼，叫他滚开。那个小孩愤然离去之后，菲茨杰拉德呆坐在红灯前，意识到自己变得不认识自己了。"我对这个孩子过于火大，对这个世界也是如此。"

在约旦安曼的加里森研究所里，救助工作者们在商讨压力管理的应对策略

在第一线的救援工作者面临着长期的压力和精神创伤。调查显示，救援人员被派驻工作的时间越长，产生职业倦怠和抑郁的风险就越大。这类精神问题会在一些救援工作者的身上突然爆发：他们可能会精神崩溃，甚至试图自杀。而对另一些人而言，职业倦怠就像缓缓熄灭的灰烬，慢慢吞噬了一个人的同情心。

在经历了几个月的情绪瘫痪后，菲茨杰拉德向加里森研究所（Garrison Institute）

寻求帮助，这是一家总部位于纽约加里森的冥想训练中心。该研究所成立于 2003 年，是一座跨信仰的修道院，其目的是向从事救援性工作的人们教导"冥想方法的实际应用"。菲茨杰拉德参加了一个针对人道主义者的试点讲习班，这个讲习班课程的原型是研究所为家暴幸存者设计的一个热门教程。

作家兼佛教冥想老师莎伦·扎尔茨贝格（Sharon Salzberg）帮助开发了该项目。当她目睹了从海地归来的救援工作者慢慢涌入她在纽约开设的学习班时，开始将救援工作者的健康问题确认为公共健康问题。"这些人代表我们大家从事着如此艰难的工作。"她说，"他们需要更多的情感支持。"

加里森研究所决定将这个针对救援工作者的项目扩展为"冥想疗愈项目"（Contemplative-Based Resilience Project），菲茨杰拉德于 2015 年被任命为项目总监。他现在满世界飞，试图说服各个救援组织趁早为员工的健康投资。

援助工作的风险

身处国际灾害或人道主义危机第一线的救援工作者面临着存在心理健康问题的风险。安塔尔基金会（The Antares Foundation）为人道主义组织提供压力管理方面的培训和支持，它在 2012 年开始和美国疾病控制与预防中心开展持续合作，共同开展了几项关于救援工作者的创伤压力和其他精神问题的研究，但结果令人担忧。

一系列此类研究发现，在伊拉克、约旦、乌干达和斯里兰卡的救援工作者中，一半以上的人有抑郁症状，约一半人患有焦虑症，而 20% 至 25% 的人则出现创伤后应激障碍（PTSD）的症状。2012 年发表的另一项研究，对 200 多名被派驻国外的救援工作者派驻前后的心理健康进行了评估。他们回国后，患抑郁症比例增加了一倍，而表现出的焦虑症状也成倍增长。

救援工作者还面临着遭受暴力伤害的风险。根据救援工作者安全数据库（The Aid Worker Security Database）的报告，在2015年，有超过287名救援工作者成为袭击事件的受害者。大多数受害者为国内或当地的工作人员，他们占到人道主义救援工作者的90%以上。国内工作人员的薪酬通常只是国际救援工作者收入的一小部分，这不仅加重了国内工作人员的压力，还使他们难以获得心理健康保健服务。

尽管存在这些风险，调查显示，鲜有国际救援组织为解决其工作人员心理健康问题而制订相应的方案或政策。联合国难民事务高级专员在2013年的一份报告中承认，缺乏这种支持是众多救援组织存在的一个关键问题。

除了救援工作者，护理行业工作者的心理健康通常也面临挑战。20世纪70年代，美国心理学家赫伯特·弗洛登伯格（Herbert Freudenberger）首先发现了"倦怠"（burnout）这一现象。当时，他因为工作患上了抑郁症。随后的许多年，这一概念主要被心理学家应用于从事高需求的社会福利工作的患者身上。今天，这一概念已经成为工业化经济的一个固有问题，适用于多个行业。然而，那些从事救援工作的人员最初所面临的问题依然存在，毕竟他们的工作要求与能力极限之间总是存在着差距，这往往会导致焦虑、疲惫和抑郁的出现。

职业倦怠的经济和社会成本并不容易量化。一个实用的量化指标是员工流失率，这是一个困扰人道主义领域的问题。救援工作者通常会长期被派遣到各个不同的地方去应对危机。由于不断地被派驻各地，他们在这个过程中增长了专业知识。随着时间的推移，工作人员的专业知识提高了组织的总体能力，使人道主义援助的输送变得更加成功。不幸的是，很少有援助工作者长期从事这些工作。2012 年的一项对无国界医生组织（Doctors Without Borders）1995 名雇员的研究发现，只有 40% 的救援工作者愿意接受第二次派驻任务。

如果说现代社会中倦怠的蔓延需要我们寻找对策，那么人道主义援助工作者所承受的过度压力一定需要想办法解决。这就是为什么心理健康的替代疗法越来越普及的原因。冥想是最流行的非传统健康干预措施之一，特别是因为人们可以在任何地方自由地练习冥想。尽管冥想的仪式各有不同，但在冥想的过程中，人们通常会试着放松心情、平静呼吸，并练习身体的感知意识。

对冥想的科学研究仍处在早期阶段，而之前的许多相关研究却受制于落后的方法论。但现有的证据表明，冥想大有可为。一项追踪 47 项强有力科学方法研究的荟萃分析表明，冥想疗愈项目所传授的正念冥想方法，经证明有助于减少焦虑、抑郁和苦痛等心理压力。

训练恢复能力

加里森研究所研究心理健康和心灵修行的交叉领域。它的理念是将灵修、慈善的传统手法与更现代化的"恢复能力"（resilience）和"投入行动"（engaged action）相结合。菲茨杰拉德担任项目总监后，冥想疗愈项目成为一个独立的项目。

该项目为期四天的课程包括心理健康教育、瑜伽训练以及正念减压疗法的一部分内容。每位学员的费用在 1500 至 2000 美元之间，具体费用取决于上课地点和场所。研究所希望把课程提供给人道主义援助第一线的工作人员，但在此过程中必须考虑安全因素。

他们不仅在纽约开办讲习班,而且还把课程带到了约旦和卢旺达。

马特(出于保密原因,其不愿使用真名)在约旦接受了他们的课程。马特在伊拉克工作。在那里,打击伊拉克和黎凡特伊斯兰国(ISIL)的战争以及叙利亚内战引发了新的人道主义问题。他面临的最大压力源之一就是不确定性:"我们永远无法确定即将会发生什么。"没有人知道是否能够幸免于爆炸或袭击事件。

课程讲师休·伯恩(Hugh Byrne)鼓励救援工作者坦诚地说出他们所面临的挑战,并更多地直面自己的负面情绪。大部分学员对这种方法持开放态度,但有些人感觉这样做太冒险了。"我们的盔甲来源于一种根深蒂固的自我保护本能。"他解释道,"例如,对在难民危机前线工作的人道主义者而言,他们会怀疑自己是否还能继续做好自己的工作。"

伯恩认为,事实上,正是穿着盔甲加剧了倦怠。"盔甲让我们自我封闭。"他说,"它会切断我们与自我的联系,让我们无视自己内心深处的愿望与价值观,以及我们最关心的东西。"

来自一家大型国际救援组织的人力资源师利亚斯亚·纳尔克捷(Lyusya Nalchajyan),与团队一起学习了由伯恩教授的一门课程。她声称在自己十年的工作经历当中,极少看到机构对员工的心理健康问题采取干预措施。纳尔克捷称,她对冥想疗愈项目所介绍的概念并不陌生,但是讲习班所传授的方法确实有效。"它已经对我的情绪产生了重大的影响。"她说,"正在发生的事情不可扭转,我现在能接受这一点。或许,明天将会是更美好的一天。"

面对紧张的预算和多种竞争需求,冥想疗愈项目正在进行战略规划。项目目前的年度预算是 25 万美元。菲茨杰拉德是唯一的全职员工,教师们是按其讲课次数结算报酬。

要找到扩展项目的好办法并不容易。他们正在考虑一种"培养培训师"的模式，这样可以让机构的人力资源专员将冥想疗愈项目的方法传授给他们的员工。他们还正在与一些机构共同开发定制项目。菲茨杰拉德坚信，人道主义援助行业亟需解决"倦怠"这一难题。

菲茨杰拉德说："我们确实看到了一些零散的机构已经开始重视这个问题。"但到目前为止，他还没有遇到哪一个组织为应对倦怠制订出全面或结构化的解决方案，并且为其提供充足的资金支持。他说："我认为，没有哪一家机构可以拍着胸脯说'我们已经做到了这个地步'。"

埃米莉·特劳特曼 (Emily Troutman)
华盛顿特区的自由撰稿人，关注的重点领域是人道主义危机和灾害应对。

美国绿色农业的融资创新

作者：克里斯汀·王
译者：周玥

17年前，艾伦·贝尔（Aaron Bell）大学毕业后回到家乡，在缅因州东部的自家农场工作。贝尔想带领农场往生态型方向发展，他和妻子卡莉·黛儿丝诺（Carly DelSignore）成功地把泰德米尔（Tide Mill）有机农场转型为地产地销模式的有机食品供应商。如今沿着缅因州岩石海岸，他们的农场共占地1600英亩（约6.5平方千米）。他们在那片土地上种植蔬菜，养殖奶牛、猪和鸡。作为第八代农民，贝尔希望通过贷款来扩大规模，却遭到多家银行拒绝。贝尔说："大多数金融机构对牲畜和农场设备抵押都不感兴趣。"

缅因州波特兰的一位影响力投资专家，斯科特·布德（Scott Budde）评论说："小农场存在融资缺口。随着美国农业发展规模越来越大，并且日趋企业化，支撑农业的金融结构也在随之改变。"现有的农业贷款机构，如美国农业服务局（US Department of Agriculture's Farm Service Agency）和农业信贷网（Farm Credit Adminstration Network），更倾向于给大规模商业性农场贷款。尽管贝尔已经从美国农业服务局贷到了一些款项，但他说，服务局往往不熟悉小农场的资金需求，而灵活的资金结构"对非流水线生产的食品系统至关重要"。

那些希望使用清洁能源的人也往往很难从传统机构贷到款，比如在家安装太阳能系统。清洁能源领域的一位企业家布莱克·琼斯（Blake Jones）说："每户的太阳能安装费在1.5万到2万美元左右，大多数银行不愿意承诺如此高额的贷款。"琼斯是科罗拉多州博尔德市敬礼太阳能合作社（Namaste Solar）的联合创始人。

许多银行和信用合作社都很乐意为特定的行业和市场需求提供贷款，比如购买新车或汽车美容行业，但它们的贷款服务也不会超出这些领域。环保生意通常很难贷款，因为有机农场和清洁能源通常需要近20年的长期投资，还需要有竞争力的利率才能做到可持续。

艾伦·贝尔和他的两个孩子正在照看奶牛

　　琼斯认为目前的太阳能行业贷款利率完全谈不上有什么竞争力，因为一直以来大多数资金都来自风险投资。"这也是为什么太阳能安装费居高不下的原因。我们找了至少十几家银行和信用合作社，恳求他们能够支持太阳能市场发展，但是他们对市场变化反应很迟钝。"

　　今天，布德和琼斯都在尝试通过建立一种特殊形式的信用合作社来填补这些行业的融资空白，这在美国前所未有。布德已经启动了缅因州农收信贷项目（Maine Harvest Credit

Project），项目资金将专门用于本州的小农场和可持续食品企业。琼斯正在筹建清洁能源信用合作社，来为太阳能、电动汽车和家用节能改造等环保型能源项目争取更多资金。

这两家"绿色信用合作社"都是会员制的非营利组织。布德和琼斯分别在可持续农业和清洁能源行业与其他非营利组织合作。这些组织包括：缅因州有机农场和园丁协会，缅因州农田信托基金会和美国太阳能协会。新的信用合作社允许这些合作组织的个人成为会员，这么做可以建立起一个同利而聚的会员制度。

迄今为止，琼斯的团队已经募集了 130 万美元，并在 2017 年发起了众筹活动，计划在当年夏季前启动清洁能源信用合作社。琼斯说，合作社所有金融服务都在线上进行，并且与其他合作社共享服务系统，会员也可以在其他合作社使用自动提款机（ATM）。

布德介绍说，经过 5 年的发展，缅因州农收信贷项目将在 2018 年年初按计划启动。整个项目启动资金大约需要 240 万美元，他已经筹集到了一大半，这些资金主要来自当地和地区基金会。到合作社开业那天，3/4 的资金会直接用于中型贷款（小农场贷款额度上限为 50 万美元，农场设备贷款上限为 10 万美元）。剩下 1/4 的资金会用来保证合作社的基本运营。布德估计，通过会员的储蓄，未来合作社可以提供 1000 万美元的贷款。

多萝西·斯普（Dorothy Suput）是"胡萝卜项目"（the Carrot Project）的执行总监，也是布德顾问委员会的成员。"要实现多元化、强韧、有抗压能力的经济，支持小型、独立的农场和企业很关键。"胡萝卜项目是一家非营利组织，主要在新英格兰地区为小农场和食品企业提供咨询和政策倡导服务。"现有的金融机构运作不灵，所以我们需要更多像缅因州农收这样的合作社。"

克里斯汀·王（Kristine Wong）
常驻美国旧金山湾区的记者，报道能源、环境、食品和可持续发展等议题。她是英美版《卫报》、《摩登农夫》、《塞拉俱乐部》杂志、《国民饮食》等出版物的撰稿人。

一个崭新的市场

作者：段思齐
译者：黄伟鸿

琼内拉·斯莫尔（Jonerrah Small）是纽约市布鲁克林区两个孩子的母亲。她每次去超市购物，都需要拨打电子福利转账卡（EBT卡，electronic benefits transfer）背后的号码来查询自己的食品券余额，这一点让她感到厌烦：她不想在照看两个小孩的同时，还要拨打语音服务并输入一长串数字。于是，她从2016年开始使用FreshEBT，这是一款手机应用程序，让用户可以在线查看自己的食品券和社会福利账户余额。这一应用程序是免费的，可供全美50个州中任何持有EBT卡的人使用。

FreshEBT是由纽约市的一家软件公司Propel开发的，这家公司致力于为低收入的美国人开发产品，而技术行业往往忽视这类人群的需求。Propel的创始人兼首席执行官吉米·陈（Jimmy Chen）说：" 人们倾向于去解决他们所理解的问题，这就是为什么有这么多公司想帮你洗衣服，或者帮你购买午餐，但却少有公司致力于解决实际的日常问题，比如依靠食品券的单身母亲。"陈毕业于斯坦福大学，曾就职于领英（LinkedIn）和脸谱网。

丹·内梅克（Dan Nemec）是Propel的顾问，摩根大通集团的执行董事。内梅克曾在20世纪90年代参与过电子福利转账计划的早期执行。他对纸质食品券或政府支票付款给使用者造成的尴尬和耻辱记忆犹新。"作为一家新兴技术公司，Propel所专注的领域面临着一个特有的挑战，就是政府服务的变革非常缓慢。"

今天，2200万领用食品券的美国人当中只有1%在使用FreshEBT。但陈对FreshEBT的前景持乐观态度。他说："我们可以接触到长期被各种各样的金融服务和产品轰炸的人群。我们认为FreshEBT是一个真正令人兴奋的机会，我们可以借此机会推出更高质量的产品和服务，从而切实地帮助他们改善财务状况。"

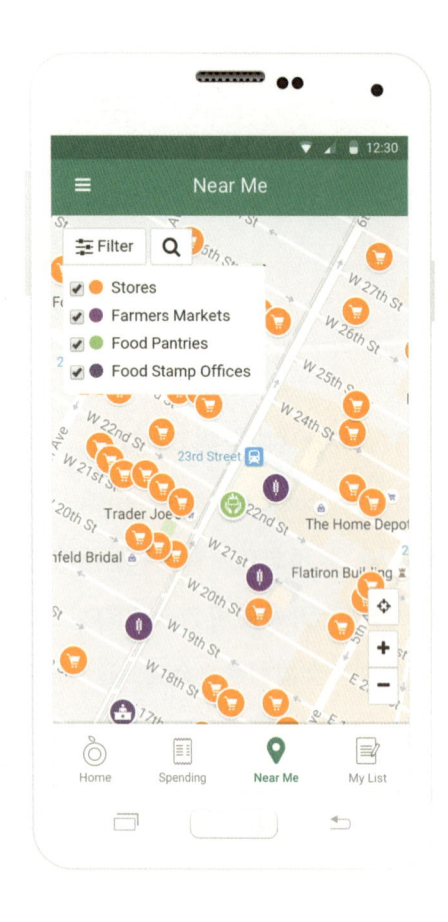

手机 App FreshEBT 能帮助人们寻找到附近接受食物券的商店和服务机构

除了账单余额查询功能之外，FreshEBT 还提供信息可视化服务，比如购物清单、用饼形统计图表示不同地点的 EBT 交易，以及在地图上标出用户附近接受食品券的超市、街头小店和农贸市场的位置。用户可在该应用程序的购物清单上输入某种产品的名称和价格，然后总余额就会自动更新。

"我喜欢它能呈现出你花钱的方式。"两个孩子的妈妈斯莫尔说，"我很擅长做预算。通常我每个月要去超市购物两到三次。但是这个月我只去了一次，而且买回来的东西还剩了一些。"

该应用程序为食品券用户提供了一项极其重要的服务，毕竟如果他们的电子 EBT 卡余额超支了，他们就必须用现金支付差价。陈认为，这对 Propel 来说也是一个很好的商机。EBT 的使用人口每年购买食品杂货的花费大约为 700 亿美元，占美国食品杂货业总收入 6000 亿美元的 11%。陈表示："我们认为，对这一人群做广告和宣传蕴含着巨大的商业价值。"FreshEBT 通过与全美国各地的商店进行合作来增加知名度和营业利润。FreshEBT 用户还可以在一些加盟商店获得特别优惠和折扣券。Propel 打算继续扩大这类产品的覆盖面。

FreshEBT 这款应用还提供摘自琳恩·布朗（Leanne Brown）的烹调书《平价美味》（Good and Cheap）的每周食谱，这本书是专为依赖食品券精打细算的读者而写。斯莫尔在当地的食品城超市（Foodtown）使用该应用程序，她说："我喜欢里面介绍的小食谱，比如如何烹调罗非鱼。"不过，她希望有更多的食谱是针对那些厨房和烹饪工具都十分有限的用户，比如住在临时住所的用户。她还指出，该应用程序偶尔会有一些影响消费的程序错误。她说："有时候，它会显示我仍有余额，但其实已经没有了，而我直到买东西付钱时才发现余额为零。"

瑞恩·法尔维（Ryan Falvey）是金融服务创新中心（Center for Financial Services Innovation）下属金融解决方案实验室的常务董事，这个创新中心投资了 Propel 和其他几家并不专门关注社会影响力的金融服务创业公司。法尔维希望 Propel 能成为科技创业公司（通常对社会影响力不大感兴趣）和政府机构（通常变革进度缓慢）的模范。他说："我认为像吉米（陈）这样的企业创始人需要得到传统商业投资者的重视，他的产品市场需求明显、增速强劲，无论是在经济上还是社会影响力上都有着巨大的潜力。"

段思齐（Noël Duan）
常年居于旧金山和纽约市的作家、编辑和研究员

美国监狱的地方改革

作者：段思齐
译者：黄伟鸿

近年来，美国各地的组织试图通过重点推进州和联邦监狱改革，减少关押在监狱中的囚犯人数。然而，这些组织并没有将太多的注意力和资金投入到地方监狱的改革中。美国大多数囚犯都被关押在地方监狱。自20世纪80年代以来，监狱人数增加了两倍，建造和运营监狱的成本也同样增加了两倍。这些被监禁的人中有50%以上为黑人或拉丁裔人，尽管这些族裔群体仅占总人口的1/3。

为了解决这些问题，麦克阿瑟基金会（John D. and Catherine T. MacArthur Foundation）启动了"安全与正义挑战项目"（Safety and Justice Challenge），这是一项投资为1亿美元的计划，旨在改变美国对监狱的使用方式和定位。截至2017年年初，该基金会已向美国40个地方司法管辖区分别提供了15万至350万美元的拨款，用于开展由当地社群推动的、旨在减少监狱关押人数以及种族和族裔不平等监禁现象的项目。

亚利桑那州的皮马县是项目的受助方之一。2015年5月至2016年1月，该县助理署长艾伦·惠勒（Ellen Wheeler）和预审部门主任多明戈·科罗纳（Domingo Corona）利用麦克阿瑟基金会捐赠的15万美元拨款，与法庭、执法机构和社群成员等相关人员和机构展开合作，寻找项目的重点需求所在。"我们关注的内容是哪些人曾被关在监狱里，对他们的指控是什么。"惠勒说，"我们的团队包括来自所有重要相关方的领导。我们开始发现那些人被监禁的主要原因所在，就是药物滥用和精神疾病。"之后，麦克阿瑟基金会向皮马县拨款150万美元，用于实现减少该区监禁人数的目标——从2015年的日平均2136人到2019年时减少至1574人。

目前，皮马县有75%的被监禁者是因非暴力罪行（尤其是药物滥用）而被关押。皮马县计划的项目经理特伦斯·钟（Terrance Cheung）说："他们都有工作和家庭。

亚利桑那州皮马县的退休助理官员沙荣·加兰在安全与正义挑战项目上发言

然而，这些社会危害性较低的人却正坐在牢里等待审判。"这种趋势对妇女的影响特别大。被监禁妇女中有82%属于非暴力罪犯，2/3为非白人妇女，32%有精神健康问题（该比例几乎是被监禁男子的两倍），而且有近80%是母亲。

米歇尔·凯勒（Michele Keller）是一名由32人组成的社群协作团体（Community Collaborative）指导委员会的成员。这是一家志愿者组织，由18名当地居民以及14名公共部门律师和法官组成。社群协作为皮马县提供计划执行情况的反馈意见和社群推广服务。凯勒表示："妇女被释放后难以找到住处，即使有亲戚，她们可能也无家可回。收容设施通常需要 100 美元的现金存款，但很多妇女根本拿不出。" 凯勒是一名经认证的康复支持专家和行为健康技师，她自己曾经与毒瘾斗争长达 23 年，也为此在亚利桑那州蹲过近八年的监狱。

除了提供心理健康检查外，皮马县还计划加速法院的诉讼程序，例如为不能在工作日上法庭的人增加周末、晚上和深夜听证。"对许多被监禁的人来说，这是他们第一次与检察官坐在同一张桌子旁。帮助他们了解这个过程是具有启发性的。"特伦斯说。

安全与正义挑战项目的受款方（包括皮马县）每个月必须将相关数据发送回麦克阿瑟基金会。麦克阿瑟基金会的司法改革主任劳里·加尔杜克（Laurie Garduque）表示："我们正在探索一种更加公平有效的系统。被拖延的公正是不公正的：你必须审视自己的绩效指标，并经常检查这些数字。"

虽然科罗纳称，预审计划到目前为止进展顺利，但特伦斯指出，这些数字仍在波动，而要了解清楚其中的原因还为时尚早。他说："我们正在达成我们的目标，监狱关押人数比 2014 年有所下降。但监狱人数的走势往往有起有落。譬如，法官出于好心，不想在节日期间给人判刑。但是十月和十一月的监狱关押人数会攀升，我们正试图查明到底发生了什么。或许是一个在全州展开的逮捕行动？"

目前，安全与正义挑战项目仅覆盖 40 个司法管辖区，但麦克阿瑟基金会希望将皮马县这样的受款方作为案例研究，为美国其他司法管辖区实施类似的计划提供参考。加尔杜克表示："我们想创建一个学习社群，需要思考各个司法管辖区该如何展开这方面的对话。"

段思齐（Noël Duan）
常年居于旧金山和纽约市的作家、编辑和研究员

社区医疗保健的德里模式

作者：段思齐
译者：黄伟鸿

像美国一样，印度的医疗保健服务也远未普及。医疗保健服务不仅被私有化，而且非常不平等：医疗资源严重倾斜于那些能在城市医疗中心看病的富裕病人。大部分评估数据认为印度的医疗保险政策所覆盖人口不及12亿总人口的10%，而且政府基本未能填补这一缺口。公共卫生开支仅占印度国内生产总值的1%，这一比例在世界各国中属于垫底的水平。

德里国家首都辖区政府希望改变这一点。新崛起的平民党（AAP）于2015年赢得议会选举，接管印度首都及其周边地区后便启动了一个医疗保健项目，通过社区（即被称为Mohallas的居民区）诊所向当地的德里居民提供免费预防性健康检查。截至2017年4月，辖区政府已经设立了162家社区诊所。

管理这一项目的德里州立卫生特派团（Delhi State Health Mission）的负责人塔伦·塞姆医生（Tarun Seem）表示："社区提供（医疗）服务是一个创新的概念，它在一个居民可以基本依靠步行到达的地点提供免费会诊、免费常用药品和化验。"新病人无须预约，可以直接走进一间社区诊所接受值班医生的全面身体检查。诊所免费提供所有会诊、检查、化验和药物，并让病人在手持平板电脑上登记相关信息，以便复诊。转诊到专科医生或医院的病人也可以免费获得这些服务。

社区诊所只保留120种常用药，这些药物由首都辖区政府定期补充。"这里的医生其实只是配药医生。"塞姆说，"在这个层面上不进行任何手术。"诊所也不提供牙科护理服务。毕竟在初级卫生保健层面，印度大部分地区都无法享用牙科护理服务。

尽管只提供了基础服务，但社区诊所满足了经济窘迫的德里居民的一项重要需求。德里印度理工学院人文与社会科学系的副教授雷蒂卡·凯拉（Reetika Khera）表示："印

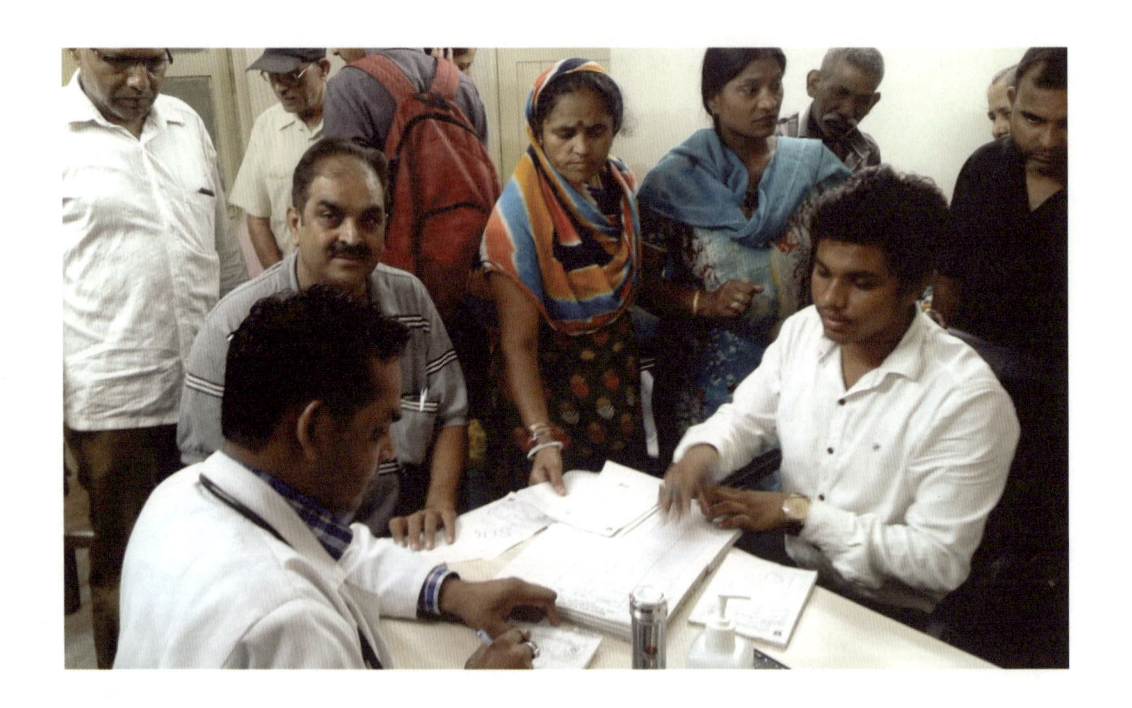

度和美国有同样的问题，我们的私营医疗保险业影响力大，有很强的游说能力。"在没有社会保障以及私营部门不受管制的情况下，最富有的人群可以享受顶级医生的服务，而最贫穷的人群则缺乏最基本的预防性医疗服务，比如年度体检。

平民党领导的辖区政府原本打算在 2016 年年底之前开设 1000 家社区诊所，但是由于一系列的行政和政治纷争，以及与纳伦德拉·莫迪领导的国家政府执政党发生冲突，平民党不得不多次推迟这一计划。

尽管遇到了这些挫折，社区诊所还是获得了国际支持。2016 年，美国国际开发署宣布与德里的社区诊所展开合作，通过安装能根据医生处方免费配发药物的自动贩卖机，简化操作流程，避免额外就诊。2017 年早些时候，联合国前秘书长科菲·安南称赞平民党利用当地的预防性医疗服务，使得医疗保健更加方便高效。这也是世界卫生组织等联合国组织支持的一项总体战略，用以扩大医保普及范围。

然而，在德里，实现"全民医保"还有很长的路要走。平民党的顾问罗森·尚卡尔（Roshan Shankar）透露，在 2016 年 5 月至 2017 年 4 月，大约有 260 万名患者到新开的社区诊所就诊。这只占首都辖区人口（近 1900 万）的一小部分。然而，对过去无法在步行可达距离内接受免费、合理的预防性医疗服务的居民而言，这是一次很大的突破。

社区诊所约 60% 的就诊者为女性，25% 的就诊者年龄超过 50 岁。该项目为这些通常处于弱势地位的妇女提供乳腺癌检测和贫血检查等服务，从而帮助医生更全面地了解患者的个人健康状况——对某些患者来说，这是他们有生以来第一次享受到这种服务。

段思齐（Noël Duan）
常年居于旧金山和纽约市的作家、编辑和研究员

直付现金的扶贫效果

作者：克里斯·布拉特曼　迈克尔·费耶　迪恩·卡兰　保罗·尼豪斯　克里斯·乌德里

译者：黄伟鸿

> 为了兑现直付现金援助的承诺，我们需要在研究上加倍投入。

在消除极端贫困问题上，我们已经开展了大约15年的试验评估，这是一个新的阶段。走到这一步其实很不容易。针对大量积压的项目，试验评估者采用了随机化的对照试验方法，项目的年度总支出高达数十亿美元，而之前的评估不是在方法上有缺陷，就是简单地假设原来的做法行之有效。这种新的评估方法带来许多洞见，同时也引起很多争议。其中，令人感到意外的是，直付现金援助，也就是直接把钱送给穷人，被发现具有更多积极的效应。

长期以来，支持直付现金援助的人坚持主张：直接把钱给穷人，可以让他们灵活主动地选择最佳机会，而不是别人为他们做选择；同时，这样一来，也可以简化提供援助的流程。而批评者则反驳说，穷人可能会浪费掉大部分的钱，甚至去购买毒品和酒精来伤害自己。

2016年7月，总部设在英国的海外发展研究所（ODI）发布了一份针对来自30个国家的165项研究的复查报告，其中重点说明了"直付现金援助会成为强大的政策工具，并能扩大受助人的受益范围"。前联合国秘书长潘基文称："在市场和运作环境允许的情况下，拟定以现金为基础的方案应该成为首选且默认的援助方式。"世界银行和麻省理工学院的经济学家也分别对此进行了复查并发现，那些接受现金援助的受助者其实并没有沉迷于酗酒等诱惑：他们既没有对现金援助产生依赖，也没有停止改善自己的生活。因此，给穷人送钱已经不再是禁忌。

受上述证据的影响，新兴市场国家内部的援助机构和改革者已经开始推行基于现金的解决方案，以取代那些低效刻板的传统干预措施。以人道主义援助为例，对因冲突或灾难而流离失所的人们来说，现金是满足他们基本需求的一种有效途径。然而，迄今为止，只有5%的人道主义援助是以现金方式提供的。在2016年5月举行的第一次世界慈善家峰会上，与会者一致认为，应该更多地以现金的方式应对人道主义危机。

新兴市场国家的政府也已经开始取消对食品、燃料这类基本商品的补贴，转而向穷人提供现金援助。那些补贴靡费巨大，难以为继并且造成相应商品的价格扭曲。尽管现金援助的短期表现良好，但是它能否带来长期变化的证据还比较少，原因在于针对其长期影响的评估还比较少见。但显然，把"缺乏产生长期影响的证据"和"没有影响"混为一谈是愚蠢的。

无论如何，最新的研究提供了审慎乐观的依据。在新的一轮长期影响评估中，直付现金援助继续表现良好。多项研究发现，一次性现金赠款能产生重大而持续的影响。但是，这些研究也表明，现金并不总会产生持续的影响。现在的挑战是要分析清楚，为什么现金援助对某些人能产生显著的长期影响，而对另一些人却不能呢？

长期影响的证据

到目前为止，我们知道些什么？一些研究发现，一次性资本投入可以让受助人的收

图片来源：视觉中国

益长期大幅增加。乌干达北部的年轻人接受了这类赠款后开始做生意，4年后，这些赠款的年回报率达到了40%；一个斯里兰卡的类似项目还把回报率提高了一倍。这些项目的共同点是："商业发展"补助金的额度往往较大（乌干达的项目约为400美元，斯里兰卡的项目则为100至200美元），用来资助那些已经拥有小买卖或者想要做些小本生意的穷人。

还有一些证据表明，有些项目并非为了提高财务能力，但同样也能提高人们的收入，比如墨西哥的"进步项目"（PROGRESA）或赞比亚的"儿童补助计划"（Child Grant Programme）。（译者注：墨西哥的"进步项目"是1997年开始实施的一项通过人力资本的发展来扶贫的综合办法；赞比亚的儿童资助计划是其政府开立的社会保障旗舰项目之一，目的是为了改善拥有5岁以下孩童的极端贫困家庭的生存状况。）更微妙的是，有证据表明，一些受助者会把钱花在成本昂贵的东西上，以减轻每年的生活负担。例如，慈善组织GiveDirectly（意为"直接给钱"）在肯尼亚的受助者把赠款用于购置金属屋顶，以避免每年花费更多的钱来盖新的茅草屋顶。

总的来说，这种长期影响的证据不仅令人信服，而且实际上比许多目前间接援助项目的证据更为有力。鉴于我们对发展中经济体的了解，"一次性现金援助可以产生长期效果"的确有一定的道理。在发展中国家，资本和保险市场往往运作不善，导致穷人无法抓住良好的投资机会。现有的贷款产品仍然成本较高、期限较短，而专门为穷人贷款的项目还未产生人们所期待的积极影响。因此，受助者对现金援助的反响会更好：人们寻找各种方法来提高未来的生活水平，比如安装更加持久耐用的屋顶、供孩子上学或者开始创业。

然而，并非所有研究都发现了现金援助带来的长期效果。例如，在加纳，有一项针对微型企业的120美元赠款，男性受助者确实增加了一定的利润，但对女性受助者却丝毫不起作用，至少第一年的后续反馈是如此。向利比里亚的街头青年（包括轻刑罪犯）支付的200美元赠款，确实增加了他们的合法业务和收入，但这只是暂时性的，可能是因为后来他们的投资（因为社会状态混乱）被盗了。

公平而言，我们没有理由期望所有现金援助项目的受助者都会去投资，或将得到的全部赠款都用作投资，抑或期望他们一定会获得良好的回报。一些受助者可能接触不到可以获得良好回报的投资机会，也有可能不愿冒风险。在缺乏其他运作良好的市场的条件下，对这些群体来说，可能需要额外的干预措施或混合措施来补充现金援助的不足。例如，一些毕业生项目除了提供现金援助之外，还提供生产性资产、培训、生活辅导、保健服务和银行账户等辅助措施。这些项目已经对受助人的长期平均收入产生了多达七年的积极影响（尽管如直付现金援助一样，那些效益最高和效益最低的项目之间的差异甚大）。

其他受助人可能面临不同的情况：他们可能有其他渠道为自己的投资筹集资金，或可能有其他紧迫需要，比如严重饥饿或健康问题，而其他人可能只有较短的投资期限。譬如，老年人可能会优先考虑医疗保健以及与亲人共度时光，而非财产积累；有些人虽然想要投资，但是缺乏放弃眼下需求的自律性，或者缺乏社会地位，不能避免他人与自己争夺资源。当然，有些人可能确实投资了，可惜失败了。即使看似很出色的投资者，偶尔也会遇上一二十年的坏光景。

未来的研究议程

要了解和优化这些直付现金援助项目和其他发展干预措施所产生的影响，我们需要更大规模地设计并开展长期且立意高远的评估项目。实验评估的规模和预算通常是预先设定好的，以使对总体人群的平均影响的评估达到合理的精确度。要了解某些举措对哪些人产生作用，我们必须深入到亚组分析的细节。受影响最大的是一贫如洗的人，还是相对没那么穷的人？是年轻人、中年人还是老年人？是男人还是妇女？或者，是不是一些完全不同的预测指标会变得至关重要，比如心理健康或者女性在家庭中的角色？要回答有关这些亚组的问题，我们需要研究每个亚组更大的样本。

我们还需要协调不同地点的评估，以提高可比性。毕竟背景环境的重要性可能不亚于个体特征。例如，在饱受了数十年冲突的乌干达北部开展项目所得的成效，会比享受了几十年（相对）稳定的邻国卢旺达更低。测试这种地区差异的研究需要覆盖多个地点，并仔细协调。这样的研究过去很少，但最近却变得比较普遍，例如最近对毕业生项目和小额信贷的评估。

大规模测试也有助于我们了解如何进行资本转移并采取其他干预措施，才能更好地做到长期有效。"送钱给人们"似乎很简单，然而这句话却涵盖了诸多设计上的选择。援助资金应该按周、月、季还是按年分期提供，间隔多长时间？向受助人拨付现金的频率应该由我们决定还是交由受助人自己决定？我们是否应该要求受助者按照自己的意愿并有计划地使用这笔钱？我们是否应该提供某种问责机制来协助受助人贯彻这些计划？我们是否能应用一些技术，以低成本、高灵活度的方式去做这些事情？大规模的评估使我们能够测试不同的设计变量，并开始了解哪些变量可以让受助人最大化地利用他们的钱。

研究人员还面临着更多的挑战。譬如，直付现金援助对哪些人群能产生更长久的积极影响？而这个问题的答案又将如何影响我们对项目成功的定义？对扶贫项目而言，选择资助者的标准应该是基于潜在受助者的赠款使用计划，还是基于他们的贫困程度？或者，平等对待每个拮据的人并让他们自己定义成功的含义，是否是在道德上更好的做法？

尽管这项研究议程雄心勃勃，但并非遥不可及。个别组织已经在大规模长期评估上取得了重大进展。例如，上文提到的慈善组织"直接给钱"正在肯尼亚西部开展一项研究。该组织估计这项研究的规模足够大，足以检测对占总人群15%的亚组的影响。然而，完成这项议程还需要在全球公共品（如证据创造）投资方面有坚定的领导力和授权。在这方面有一些先例可循。例如，转移支付项目在包括联合国儿童基金会和英国国际发展部在内的财政支持下，协调和综合了一些关于针对非洲社会保护的直付现金援助的研究。未来将会有数千亿美元送到穷人的手上，如果不在项目研究上做相应的投资，是很不明智的，会降低现金援助将能带来的好处。

克里斯·布拉特曼（Chris Blattman）
芝加哥大学全球冲突研究（Global Conflict Studies）的 Ramalee E. Pearson 教授

迈克尔·费耶（Michael Faye）
GiveDirectly 和 Segovia（一个开发扶贫支付平台的组织）的联合创始人

迪恩·卡兰（Dean Karlan）
耶鲁大学经济学的 Samuel C. Park Jr. 教授、"扶贫创新行动"（Innovations for Poverty Action）的主席兼创始人，以及 ImpactMatters（一个专门对非营利组织开展影响力审计的组织）的主席兼联合创始人

保罗·尼豪斯（Paul Niehaus）
加利福尼亚大学圣迭戈分校的经济学副教授，也是 GiveDirectly 和 Segovia 的联合创始人

克里斯·乌德里（Chris Udry）
耶鲁大学经济学的 Henry Heinz II 教授

向可持续发展的惰性宣战

作者：珍妮·戴维斯-佩库
保罗·斯通
克莱尔·托维
译者：黄伟鸿

要保持可持续发展项目不偏离轨道，需要有新的心态、执行领导力和明确的公开承诺。

许多首席执行官都希望在企业经营底线之上有所作为。他们坚信公司应该在环境管理和社会发展方面发挥积极作用。于是，他们宣布把可持续发展列为首要任务，为此启动新计划，不仅聘请首席可持续发展官，而且还投入了数百万美元的资金和数百小时的管理时间。然而，这种气势和干劲却在慢慢地消退，那些意在有所作为的宏伟计划最终都以失败告终。

这是一种令人沮丧但很普遍的现象。贝恩咨询公司的研究显示，只有12%的企业转型计划实现或超过了其目标。而对于可持续性发展计划，结果更为糟糕，其成功率只有2%。为何可持续发展转型如此之难？

领导团队在实施新举措时往往忽视了来自一线员工的阻力，这是可持续发展转型失败的主要原因之一。例如，如果员工被迫在可持续发展目标和商业目标之间进行选择，大多数员工会选择商业目标。因此，高管们的热情仅局限于高管层，实际上并没有在公司内部传递开来。

为了更好地理解可持续发展的障碍，落实克服这些障碍的方法，贝恩对300多家进行可持续发展转型的公司展开了调查。我们还对一些公司的可持续发展负责人进行了访谈，这些公司在可持续发展方面取得的成果都已经获得可持续发展评级机构和其他组织的公开认可。

在克服困难并因此带来显著的可持续发展成果上，我们的调查发现了四条规律：第一，也是最关键的，要明确做出含有量化指标的公开承诺，公开目标能向整个队伍传递强有力的信息，有助于克服变革的阻力；第二，首席执行官必须以身作则，亲身参与变革，而不仅仅是口头宣誓；第三，在整个组织内创造商业案例转型的过程中，领导团队需要发挥关键作用；第四，领导者必须通过改变运营一线的流程和激励措施来重塑员工的行为，并确保部门经理将可持续发展纳入日常决策。尽管这些结论听起来可能不言而喻，然而许多公司忽视了这当中的部分或全部步骤，因而未能为成功奠定基础。

公开承诺

让我们从第一条准则开始。大胆的公开目标能够在整个组织中创造出一种共同的使命感，有助于企业在困难时期坚持到底。然而，许多高管不愿公开他们的目标，担心一旦失败就会遭受非政府组织和其他组织的责难。但许多公司承认，公开承诺的好处明显大于它的风险。

以雀巢为例，2012年，它宣布了在营养、节水和环境保护领域的可持续发展承诺，包括将每吨产品的用水量减少40%（与2005年的水平相比）。做出公开承诺的过程，促使雀巢与外部利益相关者在举办论坛方面开展了更为密切的合作，包括利益相关方年度会议等其他活动。目标设定的过程，非但没有加强非政府组织的审查，反而促成更多的公开反馈以及与利益相关者的合作，从而有助于企业实现其目标。

首席执行官的公开承诺还激励公司的管理层培养更高水平的内部纪律，以达成其宏伟目标。雀巢前公共事务主管珍妮特·渥特称："承诺、行动、报告然后获得评级机构的积极反馈回路成为积极变革的真正动力。"2015年，雀巢公司超额完成了其节水目标，将每吨产品的用水量从2005年的水平降低了41.2%，并为2020年设定了一个新的目标。目前，雀巢在道·琼斯可持续发展指数的食品、饮料和烟草类别中名列第一。

首席执行官为可持续发展举措提供了至关重要的启动力，并在整个实施过程中一直是动力源。我们的研究表明，高层领导的支持是获得成功最重要的因素，而能真正产生作用的是他们的实际行动，而非言语。一位首席执行官可能是唯一有能力在艰难的选择中打破惯例、推动事情向前走的人，比如改变供应商或客户的要求条件。例如，在全球食品零售商德尔海兹（Delhaize）集团，中层管理人员最初不愿对供应商实施严格的新的可持续发展要求，包括海鲜、棕榈油和木纤维的供应链和采购过程中的公平工作条件。于是，首席执行官弗兰斯·穆勒在2012年进行干预，强制执行上述要求，用实际行动表明了可持续发展是管理层的最优先事项。此举迫使管理人员做出类似的决定。

更宽泛意义上的管理层的行动也可以在支持变革方面发挥关键作用。以诺维信为例，这家丹麦公司专门生产有助于减少能源、原材料和化学品消费的酶制剂。2008年，它创建了一个可持续发展执行委员会（成员包括各项业务职能的副总裁），以制定可持续发展战略和目标。2010年，该委员会决定探索如何将生物多样性、社会经济影响评估和节约用水纳入公司的可持续发展战略。譬如，作为全公司解决缺水问题举措的一部分，诺维信在印度班加罗尔建立了一个手洗实验室，用以复制当地的洗涤条件，从而帮助当地客户开发更高效的洗涤剂，让消费者能够用更少的水洗衣服。

诺维信估计，2015 年，它的客户通过使用其产品总共减少了 6000 万吨的碳排放量。

转变心态

即使首席执行官公开支持可持续发展目标，许多员工仍会认为可持续发展产品或流程会增加成本并削弱公司的业绩。在我们的调查中，62% 的受访者将公众声誉作为可持续发展计划的主要商业理由，他们认为这东西如果有固然好，但对业务经营并不重要。

这种态度对追求突破性可持续发展目标的领导人来说是危险的，同时应对多个业务目标的一线管理人员和员工可能将可持续发展举措视为既不重要亦非紧急的工作引起重视。当这种情况发生时，可持续发展目标会落到他们的优先工作清单的底端，并且得不到资金支持。

领导者可以通过帮助员工理解将可持续发展与成功联系起来的商业意义，来克服员工的消极态度。例如，沃尔玛超市通过将其车队的燃油效率提高一倍，节省了近十亿美元，同时大大减少了温室气体排放。尼尔森全球企业可持续发展报告显示，2015 年，做出可持续发展承诺的品牌的增长速度是无可持续发展承诺品牌的 4 倍。

最有效的方法是先从一些可快速简单实现的事情着手。2004 年，沃尔玛决定加快推进其可持续发展举措，推行了一项减少玩具卡车包装的试点计划，这一简单举措节省了树木、资金和燃料。此后，沃尔玛深化了承诺，现在推出了一些难以量化的商业项目。例如，2009 年，沃尔玛推出了一个可持续发展指标，这一指标基于对供应商在关键的可持续发展问题上的回应进行评分。沃尔玛的采购人员将这些评分纳入他们的供应商选择决策中，这也有助于在其所有主要业务部门提升指标评分。

将变革融入组织

设定可持续发展目标已成为年度企业报告工作的一部分。然而，很少有公司将可持续发展融入其组织的业务流程、问责机制和激励措施当中。例如，我们的调查显示，只有24%的员工以一种有意义的方式对可持续发展负责。

那些实现了宏伟的可持续发展目标的公司，在业务经营的各个环节嵌入适当的行为和流程，并让部门经理负责成果的交付。例如，某些公司改变其资金审批流程，将可持续性发展因素纳入其中，或扩大商业价值评估的时间范围，从而允许更多的可持续发展计划获得投资资格。例如，丹麦制药公司诺和诺德设定了碳排放内部价格，减少碳排放的业务部门会获得现金奖励。

诺和诺德的企业可持续发展副总裁苏珊娜·斯托默说："我们早期验证了一些投资回报率较高的可持续发展计划，所以我们开发了一种方法来移除这类项目在审批过程中的障碍。" 2012年，传媒公司企业爵士将诺和诺德列为世界上最具可持续发展能力的公司。在过去6年里，诺和诺德一直在这一榜单上名列前20名。

有成功经验的公司还会将可持续发展优先事项纳入其激励结构，与其他关键绩效指标并列而行。食品零售商德尔海兹集团通过在所有业务环节将薪酬与可持续发展挂钩取得了成果。德尔海兹集团的可持续发展副总裁梅根·赫尔斯泰特坦言，在此之前，只有20%的领导层成员的年终奖金与公司的可持续发展举措有关。到了2014年，德尔海兹的所有高级职员均有与可持续发展目标挂钩的年终绩效奖金，而可持续发展绩效占奖金总额的 10%～30%。

  即使是对可持续发展最富有热情的高管也能意识到上市公司所受到的限制。例如，如果一项特定的可持续发展计划侵蚀了一个品牌的长期经济利益，那么将很难展现出支持这一计划的商业意义。要改变消费者的行为也是一件难事。制定了雄心勃勃的可持续发展目标的企业经常需要实行不止一项举措，以观察哪种方案切实可行。组织变革富有挑战性，其实现亦需要时间和管理层的承诺，而按照那些已经获得成功的公司的说法，这种投资是值得的。

珍妮·戴维斯－佩库（Jenny Davis-Peccoud）
贝恩咨询公司的合伙人，也是该公司可持续发展和企业责任实践的负责人
保罗·斯通（Paul Stone）
贝恩咨询公司的顾问合伙人，也是该公司可持续发展和企业责任实践的成员
克莱尔·托维（Clare Tovey）
贝恩咨询公司的可持续发展高级顾问

反对"巨额慈善"

作者：拉里·克雷默
译者：黄伟鸿

慈善事业的投资人不应为了迅速见效而去追随最新一波的大额捐赠热潮，而应长期且坚定地支持那些致力于解决最重要的社会问题的组织。

如果说慈善界迷恋新奇的想法，我认为毫无异议。如今，人们看重的是"变革性"，通过变革来展现出"创新性"和"颠覆性"。最新的热潮便是"巨额慈善"，2016年12月《福布斯》杂志中的一篇文章将其定义为"旨在创造系统性社会变革的八位数以上的捐赠"。

《福布斯》引用了侨福集团的某项研究——《斯坦福社会创新评论》用它做了2016年冬季刊的封面故事——《为社会变革下大赌注》。在《福布斯》看来，过去的慈善家只是偶尔会寻求社会变革，但如今的慈善大咖却更愿意运用"颠覆性思维来试图解决实际问题，而不仅仅是小修小补"。《福布斯》就是《福布斯》，一如既往地在文章最后弄出一个排行榜，即2015年"10项最具前景的巨额捐赠"的排名，榜单后面还进一步列出其他48项巨额捐赠的竞争者清单。（为了让读者了解这些捐赠的规模，威廉和弗洛拉·休利特基金会向欧洲气候基金会提供的3300万美元的赠款被列入"其他巨额捐赠"之中。）

尽管人们到处谈论"巨额捐赠"，但人们并不完全清楚它的意思，只知道那是在斥巨资去做某件事情。每位写这方面文章的作者似乎都会采用不同的衡量标准。巨额捐赠的目的必须不仅是调动协调一致的努力来完成一些对社会有益的事情，毕竟那基本上囊括了大型基金会几十年来一直在做的事情。

  有时候，把钱用于解决某一特定问题似乎是它的一个标志性特征。但事实并不总是如此，因为可证明这一点的是，巨额的捐赠方向还涉及奖学基金、大学捐赠基金、开放式研究甚至是对某个公园的日常维护。其他时候，关键点似乎是向某个特定组织提供重大支持，尽管某些巨额捐赠的覆盖面要更广一些。通常而言，短期效益似乎也同样重要，但尚不清楚巨额捐赠是否必须具有战略意义，抑或旨在产生某种具体的可衡量的积极影响。显然，某些巨额捐赠绝非如此。

  最终，这种概念的模糊性反映了"巨额慈善"更多的是一种感性认知，而非一种定义清晰的技术性行为。这是一个令人担忧的重大问题，因为其会诱发草率的思维和糟糕的做法，我会在下文做详细解释。尽管一般来说，大多数支持者在提及一项巨额捐赠时，都会想到捐赠者打算宣布在短期内投入大量的慈善资金（《福布斯》和侨福都将八位数赠款设为其最低标准）以解决一个重大问题，通常的做法是直接资助某一个组织。尽管这种描述并不符合所有例子，但是这些特征普遍存在于人们的讨论之中。更重要的是，这些特征准确地反映了"巨额捐赠"这个词如何被慈善界所理解。

一个可能致错的工具

  在阐述我对这种慈善行为的疑虑之前，我应该声明：我不认为一下子捐出一大笔钱试图解决一个复杂的社会难题是一种不好的或错误的做法。相反，肯定会有一些难题可以通过这种方式予以解决。

  不过，要说巨额捐赠可能是有意义的，在极少见的情况下，仍远不能称之为做慈善事业的最佳方式，甚至不是一种好的方式，更与被奉为规范相去甚远。毫无疑问，这些说法都是巨额慈善支持者在到处宣扬的东西，无论他们是否有意为之：他们的文章中无不感叹巨额捐赠的稀缺，同时一味地赞扬少数敢于追求这种策略的人士的胆量和远见。他们要表达的意思不言而喻：如果你想成为慈善事业的领导者，如果你想"解决真正的问题而不是小修小补"，巨额捐赠就自然而然是最好的做法。

《福布斯》杂志上的那个排行榜是一项很容易误导人的工具，其意在鼓动人们选择巨额捐赠而非其他形式的慈善捐赠。作为法学院的院长，我曾亲身体会过这种排行榜的魔力，它不可避免地引发对排名的竞争，从而使得人们盲目地迷恋排行榜发布者所看重的东西。在法学院，排行榜导致大家过分强调标准化考试的成绩和金钱投入（因而增加学费和债务），尽管这么做并无益于学生。在慈善事业中，这种排行榜只会诱使慈善家偏爱巨额投资，通常是对单个组织进行投资，并采用高风险战略以追求快速见效。

新一代的年轻慈善家中有许多人热切地渴望公众的认可，他们特别容易受到这种大而空的口号的影响。被评选为慈善事业的领导者，得到《福布斯》甚至是《纽约时报》的赞许，那是多么棒的一件事情啊！当朋友和同行都备受关注，自己却受冷落，那是多么令人恼火的事情！

但是，那又怎样？为什么不鼓励慈善家和基金会去寻求和进行这类巨额捐赠？因为社会问题是困难而复杂的，至少那些真正需要慈善捐赠并能够从中受益的大问题是如此。身体疾病可以通过发明药物或疫苗来治愈，但是社会问题极少有一劳永逸的解决方案。在需要慈善事业解决的重大难题上，比如贫困、种族歧视、气候变化、教育、妇女权益或收入不平等，没有简单的良方可用，也没有捷径可走。认真解决这些难题需要与巨额捐赠截然不同的心态。

　　社会问题诞生和繁衍于存在利益冲突的固化体系当中。问题的起因和解决方案都取决于人自身，而且会引发各种不可预测和令人困惑的行为。解决问题的进展是缓慢的，这不是因为人们缺乏想象力，不愿意冒险或投入足够的钱，而是因为问题实在太棘手。

　　在这些挑战上取得进展所需的慈善援助，与巨额捐赠爱好者所推崇的慈善方式几乎是截然相反的。钱肯定是需要的，然而，事实上还需要大量的时间和耐心，以及与财力相当的人力。需要慈善家既能聆听目标受益人的心声，也愿意向他人学习并与受赠方建立真正的伙伴关系。

　　慈善不是一下子投入大量的现金以寻求快速效益，而是帮助构建并融入一个由受赠方、受益人和其他长期持续地推动社会进步的资助者构成的生态系统。做慈善需要深入地了解存在的问题，制订周到的方案以解决问题，观察接下来所发生的事情，并基于证据和经验修正自己对问题的理解。最重要的是，在需要时愿意不断地重复这些步骤。

放下姿态，拿出耐心

　　这就谈到了我对巨额慈善看法的要点。巨额慈善给我的印象更多的是大胆的声明、故作姿态和大张旗鼓的宣传。我感觉巨额慈善的重点似乎不在于慈善事业本身，而在于让慈善家向世界展现自己。我知道这并不是巨额捐赠倡导者想要的结果，但他们听起来和他们所鼓励（不论有意与否）的东西似乎就是这样。依我看来，一项真正的巨额捐赠应该是承诺在长时间内解决某一问题，时间长到足以产生明显的效益，这通常意味着要战略性地逐步向许多受赠方发放赠款，每次捐赠数目之小，都不足以构成《福布斯》或侨福所定义的巨额捐赠的额度。

我为休利特基金会的大额捐赠感到自豪，但让我感到同样或更为自豪的是这个基金会在自然保护等领域所做的工作。自1969年起，自然保护就成为这个基金会捐赠的重点领域。从那时起，该基金会在美国西部保护水土资源和改善河流生态环境方面投入了逾3.5亿美元，一路走来，我们向受赠方和其他资助者学习如何建立联盟，平衡利益冲突，为我们的目标达成共识。

我们低调无闻但稳定地提供着赠款，并时不时取得一些进展。当中既有收获，也有损失，我们一旦犯了错误，就会从中吸取教训，并努力适应不断变化的政治和文化形势。慢慢地，凭借我们不懈的努力和坚定的专注力，我们的受赠方取得了显著的成果。为了帮助推进他们的工作，近年来我们每年投入约2000万美元（早年的投入相对较少）来捐助众多受赠方。虽然没有哪一笔赠款额度大到足以吸引《福布斯》记者的注意，但这些累积起来的赠款，反映了我们取得进展所需要的耐心，扎实的工作以及有意义的、持续的关注。

我们在其他领域所做的努力也是如此，比如解决争端、妇女生殖健康、开放教育资源和艺术教育等。在所有这些领域，休利特基金会做出了持续数十年的承诺，并取得了积极影响，这并不是靠华而不实的大额捐赠，而是得益于对无数个从不同角度解决问题的组织的认真、持续、战略性的支持。在这方面，休利特基金会并不是独一无二的。所有大型基金会都已经或正在为各种项目进行类似的投资，他们都长期致力于解决疑难问题，通过持续的努力取得了可喜的成果。

这些捐赠是否都取得了成功？当然不是，但也没有任何证据表明巨额慈善取得了更大的成功。要知道，这些都是极为困难、棘手的问题。战略性慈善事业要冒的风险并不低于巨额慈善。然而，我们应该承认战略性慈善事业的重要性和有效性，并更多地鼓励这类慈善行为。战争胜利就是靠步兵在战场上奋勇不懈地战斗而赢得的，慈善也是同样的道理。慈善是严肃的事情，我们需要坚定的承诺和不懈的努力，而不是急于求成的解决方案或引人注目的新奇举动。

拉里·克雷默（Larry Kramer）
威廉和弗洛拉·休利特基金会的主席，曾担任斯坦福大学法学院的院长。他非常感谢杰夫·布劳达奇、保罗·布雷斯特、鲁丝·莱文和费伊·特韦尔斯基所提供的经过深思熟虑的意见。

社区代表们在地区发展中的政治角色

作者：沙娜·R.舍恩伯格
译者：陈平　吴滨

在重大决策上，谁能代表街坊邻里的居民们并以他们的名义做出决定？例如，城市改造的钱是怎么花的？人们可能认为，这些代表是社区选举产生的领导人，包括市长、市议会议员，以及当地居民选举出来代表民意的州议员。

密歇根大学组织研究助理教授杰里米·莱文（Jeremy Levine）的最新研究表明，我们应在当选的政治家之外寻找答案。他发现，最重要的参与者可以是社区组织（Community-based Organizations，CBOs）和那些代表社区利益的非营利组织。通常来说，这些组织虽未经过民主的选举过程，但却代表了社区的利益。

从2010年起，莱文对波士顿的六个邻近地区进行了长期的民族志研究，所选区域的居民大多数是低收入群体和少数族裔。一个被称为"费尔蒙特走廊"的地区将被规划为费尔蒙特线路上的新公共交通站点。与此同时，当地的社区组织也在推动对住房和其他房地产项目的投资，以配合这个新轨道线路的开通。这些非营利组织以松散的联盟形式团结在一起，以此促进该社区从政府和私人部门获得更多发展资金。

莱文花了4年的时间，和9个社区组织的领导和员工共同参加了214场不同的会议。这些组织分别来自厄珀姆科纳、霍尔格罗夫、福尔科纳、科德曼广场、马塔潘和洛根广场等社区。他还在波士顿市政厅和一个资助费尔蒙特走廊开发项目的基金会工作了数月，观察社区组织与当地政府和私人资助者之间的互动。此外，他还参加了社区会议，与当地居民与社区组织代表进行了交流。

他发现，社区组织承担着重要的媒介性职责：负责项目资金的启动、运作和完成，并与其所代表的社区对接。无论是私人机构，抑或是公共机构的资助者，他们都将社区组织作为当地项目资金投放的联络点。莱文表示，选举出来的官员并没有履行这一职责，他们大多是担任配角，或是根本没起到任何作用。

莱文说："官僚们期望并假设，社区组织是社区的代表。"例如，当该地区从奥巴马总统的社区之选项目获得数百万美元的拨款时，是由当地的社区组织参与了项目申请书的起草和项目预算的讨论。他说，社区组织接管了这笔项目资金，并负责其开支使用。

马塔潘社区发展公司是莱文参与研究的一个非营利组织。当这个公司破产时，该社区的立法委员们费尽周折去寻找一个新的组织来取代它，而马塔潘则失去了其发展资金。他说，在没有社区组织的情况下，代表们自己也无法组织开展经济项目。

莱文表示："区别并不在于资金是怎么来的，更多地在于社区组织的政治角色。和以前相比，这些社区组织扮演的政治角色不一样了。"社区居民感觉这些组织并不支持他们的利益，因此认为这些组织不对社区居民负责。美国人应该决定这些在地方治理中发挥作用的非营利组织是否是一个正确的角色。

芝加哥大学社会服务管理学院副教授尼科尔·马韦尔（Nicole Marwell）认为："没有哪个社区的利益是单一的。对城市发展部门的官僚、市政府内的非民选官员而言，用这些方式与有一致发展目标的社区组织合作，可能比和那些民选官员合作更容易。那些民选官员可能有其他政治利益上的目标。"

沙娜·R. 舍恩伯格（Chana R. Schoenberger）
常驻纽约的记者，主要报道商业、金融和学术研究类信息

抵制的政治

作者：沙娜·R.舍恩伯格
译者：陈平　吴滨

当社会活动家盯上一家企业时，他们经常会发起抵制，呼吁公众停止购买该企业的商品或服务，不再光顾其商店。活动家力求通过这种公关和财务的双重压力来迫使企业高管能就其所关心的议题做出让步，并对企业进行政治上的污名化。

社会学家们正在调查"非市场风险"对企业的影响，包括各种监管措施和政治上的不确定性等因素。宾夕法尼亚大学沃顿商学院社会学教授玛丽-亨特·麦克唐奈（Mary-Hunter McDonnell）和得克萨斯大学奥斯汀分校麦库姆斯商学院政治学教授蒂莫西·维纳（Timothy Werner）尝试着揭示非市场风险与政治的关系：社会运动如何影响企业与政治代表的关系。

政治活动对企业来说是必要的。麦克唐奈表示："向政治行动委员会捐款，可以让政客们更愿意接听你的电话。"这为企业管理人员提供了一个通道，他们需要提升公司的利益并降低风险。

针对1990年至2007年曾受到抵制的上市公司，研究人员通过搜索这段时间美国最大的六家报纸的报道，并参照能找到的其中部分公司当时的公开财务数据，形成了一个数据库。这203家样本企业在这17年间都经历过广为人知的抵制运动，抵制运动对这些企业的影响是可以测量的。接着，研究人员将样本企业与在此期间没有经历过抵制运动的相同规模和行业的上市公司进行了横向比较。

调查人员评估了若干衡量政治家与企业关系的关键指标，例如，企业的政治捐款是否被退回，被退回了多少？企业多少次受邀到国会听证会上做证以及获得了多少次政府采购合同？

数据显示，通过不停地说服政客和目标企业保持距离，抵制运动发生了作用。与控制组相比，在抵制运动开始后，政客们退还给受抵制企业的捐款增加了1.6%，这比抵制前退还的捐款额增加了80%。同时，这些企业在国会听证会的出场次数减少了44%，政府合同减少了 36%。

然而，这种抵制产生的效应可能是短暂的。数据还显示，在一次抵制活动发生后的 9 个月内，政客们会重新接受企业的政治捐款。经历过抵制活动的企业高管从中学到的经验很明确：只需等待抗议活动在公众意识中淡出，给政客们开出的支票就能再次被兑现。麦克唐奈指出："公众关注度的持续时间相当短。"

2007 年，在斯坦福大学商业学院的莎拉·索尔和美国西北大学凯洛格管理学院的布雷登·金在《行政科学季刊》（Administrative Science Quarterly）上发表了一篇论文之后，研究者者们开始探讨社会运动影响企业利益的不同方式。

组织行为学教授索尔评价道："这篇新论文给社会运动研究领域带来了一个微妙的拐点，它揭示了抗议运动给企业带来的另一个负面影响就是政客会避讳这些企业（并返还政治献金）。"

索尔表示，企业一直是行动主义的目标对象，一旦被活动家盯上，企业就很容易卷入公众舆论的旋涡。企业可以利用客户数据来预测其政治与社会观点，隔离这种声誉风险，从而避免遭到大规模抵制。"聪明的企业会把投资用在了解他们的客户上，知道如何迎合客户的需求，并延伸到去了解客户的态度和信念。"

麦克唐奈认为，企业面临的最大问题是他们的品牌形象与其在社会问题上被公认的立场脱节。当客户觉得企业的行为或观点与其声誉相悖时，企业就会沾上污名。"因为公众讨厌伪善。"麦克唐奈如是说。

沙娜·R. 舍恩伯格（Chana R. Schoenberger）
常驻纽约的记者，报道商业、金融和学术研究类信息。

玛丽－亨特·麦克唐奈，蒂莫西·维纳，《黑名单上的企业：社会活动家的挑战和企业政治活动的中断》，载于《行政科学季刊》，61，2016 年。

让环保少一些女性色彩

作者：玛丽琳·哈里斯
译者：陈平 吴滨

研究人员发现，男性更少有环保行为，其环保意识也远低于女性。男性产生更多的垃圾，更少地回收旧物，也很少去购买绿色产品，而且也不会因这种不环保的生活方式而感到愧疚。鉴于环境保护是一个非常重要的议题，我们必须要重视这一现象，毕竟不能只靠地球上一半的人口来践行环保。

有些研究人员将男性与女性在绿色环保上的性别差异归因于男性与女性的人格差异。但圣母大学（the University of Notre Dame）营销学助理教授詹姆斯·威尔基（James Wilkie）和同事们认为，可能有另外的因素在起作用：男人对环保的抵触可能来自那些盛行的刻板印象，即绿色产品、环保行为通常与女性气质联系紧密。由于男性对性别气质的维护比女性更谨慎，这些刻板印象会使他们误以为环保行为过于女性化而拒绝参与其中。

伦敦大学皇家霍洛威学院（Royal Holloway, University of London）营销和消费者研究学教授波林·麦卡拉莲（Pauline Maclaran）认为："长期以来，女权主义者们一直密切关注女性气质、自然、身体，与爱护环境之间的关系。"她认为威尔基的研究"在更微观的认知层面上解释了这些关于性别气质差异的基本假设在绿色产品市场中是如何发挥作用的"。

威尔基和同事们设计了包含7个项目的一系列研究来探寻男性抗拒环保的原因。其中，通过对大学生进行问卷调查，他们确定男性和女性都将绿色产品与女性气质联系起来。另外，参与调查者认为，那些携带可重复使用的环保购物袋的购物者比使用一次性塑料袋的购物者更具有女性气质。

在其中一项调查研究中，他们要求389名美国男子想象使用礼品卡购买产品的场景。随后，研究人员向参与者随机展示了有粉色花边图案的礼品卡或拿年龄开玩笑的生日礼品卡。无论在在实体店或是网络购物的场景中，相比使用拿年龄开玩笑的礼品卡的男性，那些想象使用挑战性别气质礼品卡的男性，会更少地选择选择绿色环保产品。

如果男性在做出选择之前就对其阳刚之气予以积极肯定，那又会怎样呢？在另一项调查中，被赞有男子气概的男性参与者会更自在地表达对绿色环保产品的喜好。在这种条件下，他们的表现才与日常生活中的女性一样自然。威尔基解释说："男性小心翼翼，对女性气质避之不及。""即使是在私密和网络环境中，男性也会比女性更加主动地维护性别气质。"

基于性别气质的品牌设计能带来不同的效果。研究发现，在两个虚构的组织之间，男性更愿意捐赠给一个称为"荒野游侠（Wilderness Rangers）"的组织，而不是"自然之友（Friends of the Earth）"。在展现阳刚气概和印有常规环保标志的两件文化衫之间，只有女性表示出对后者的偏爱。北京两家宝马经销商实地测试的结果，为品牌设计的性别气质差异化提供了更多的支持性论据：消费者被分为两组对比观看同款混合动力 i3 型宝马汽车广告，其中一组的宣传策略是将其作为环保车进行包装，另一组则宣称这是"保护型"车型。结果显示，男性更喜欢后者。

麦卡拉莲坦言，这种"再性别化"的方法对于消费产品虽然起作用，但也在提醒大家，试图永久地改变遵循既有规范的社会行为是一项漫长而又艰难的工作："因为男性气质、女性气质和环境之间的关联根深蒂固，是社会化地建构起来的，并没有一个可以实现文化变革的快速解决方案。商人能带来的变革潜力有限，我们需要采用的是一些直击问题根源的行动，比如影响儿童性别气质社会化的措施。"

玛丽琳·哈里斯（Marilyn Harris）
记者、作家、编辑，擅长为网络、刊物和电视受众翻译复杂的或技术性的材料

亚伦·R. 布拉夫，詹姆斯·E.B. 威尔基，马京晶，马修·艾萨克，戴维·盖尔，《环保不够阳刚？"绿色即女性化"的刻板印象及其对可持续消费的影响》，载于《消费者研究》杂志，43, 2016 年。

微贷公司的团队运作模式

作者：玛丽琳·哈里斯
译者：陈平　吴滨

积瓦微贷网站（Kiva.org，以下简称"积瓦"）率先在全球范围内通过在线众筹的方式来给低收入企业家和学生提供小额无息贷款，以减轻贫困。其平台通过移动支付系统或积瓦实地合作伙伴直接将个人贷款者与特定借款人连接起来。但是它就像很多类似的网络机构一样，也面临着一个参与度的问题：很多微贷网站成员只是注册成为会员却不提供贷款，或是只提供一次贷款后就再也没有参与了。

但是，积瓦为提高参与度创建了微贷团队计划。在过去8年里，积瓦已经根据宗教、组织和地理区域等因素创建了38957个微贷团队。如果团队参与更能增加贷款，那么加入微贷团队的成员越多，能吸纳到的贷款也就越多。

基于这个问题，美国密歇根大学信息学院的陈燕（Yan Chen，音译）教授及其同事展开了研究。该团队试图寻找一种可以推动更多成员参与积瓦微贷团队的方法，并研究其团队参与是否能增加放贷额。陈燕教授是一名从事社会认同理论研究的实验派经济学家，她明白人们加入某些团队的原因是基于对团队成员、其人格特质以及队伍目标的高度认同。因此，微贷团队所要面临的挑战就是如何促使积瓦成员加入团队并激励他们提供贷款。

陈燕及其计算机科学家研究团队致力于机器学习和推荐系统的研究，决定将社会认同理论与机器学习的精准预测结合起来。他们向选出来的近65000位尚未加入团队的积瓦用户发送由推荐算法生成的个性化电子邮件，建议他们加入微贷团队。邮件内容根据用户与团队主要贷款人之间的地理距离及其放贷历史而生成。研究发现，用户更容易加入与其地理距离近，并且贷款排名靠前的团队。其他因素则没有积极影响。

积瓦成员加入微贷团队获得的收益并不仅限于社会认同。"潜在的贷款人需要花费可观的成本去寻找合适的借款人。"陈燕教授说,"团队间的信息共享可以促成相互协调,团队内的竞争则可以激励目标设定——这些都是有利机制。"

微贷团队对个人成员来说是有用的信息中心,对整个组织来说则是社交网络。美国华盛顿州立大学助理教授托马斯·阿利森（Thomas Allison）表示："众筹的成功取决于众筹项目的愿望诉求以及众筹者能否把这种诉求传播到广大人群中去。然而,对亲社会的社会企业家来说,在大众中传播筹款诉求已超出了他们的可控范围。鉴于此,类似积瓦微贷的团队模式就成为取得亲社会众筹活动成功的重要因素。"

研究人员还发现团队的会员制确实能增加贷款数额。会员能通过积瓦推送的个性化定制的电子邮件,加入贷款团队。用这种方式加入的会员,其所贷款额高达 392 美元,超过积瓦贷款人总捐款中位数 25 美元的 15 倍。但是,这一结果仅维持了一个星期——也许是因为贷款人等着收回借款后再进行转贷。陈燕教授正在进行一项为期两年的跟踪调查,以分析贷款团队成员在收回初次贷款后是否还会再次主动放贷。

相对于先前较少的众筹和小额信贷研究,阿利森认为："陈燕的研究团队所做的实验方法在研究众筹资金方面是非常有价值的。因为除了证明相关性,它还对影响资助者为众筹项目提供资金的原因提供了因果性的证据。"他认为,线上和线下的社会影响力是众筹取得成功的重要基本因素。

玛丽琳·哈里斯
记者、作家兼编辑,擅长为网络、刊物和电视受众翻译复杂的或技术性的材料

梅俏竹,韦布·菲利普斯,《推荐团队促进在线小额信贷的亲社会贷款》,载于《美国国家科学院院刊》,113（52）,2016年。

给予和得到——

《捐赠者：新镀金时代的金钱、权力和慈善》

作者：艾玛·桑德斯－黑斯廷斯

译者：王维

作　　者：戴维·卡拉翰
出　版　社：克诺夫出版社
页　　数：329 页
出版时间：2017 年

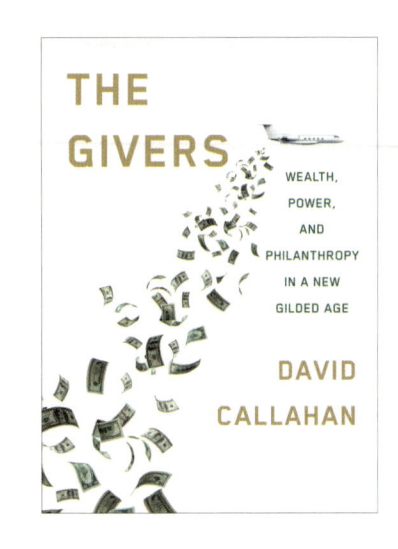

在《捐赠者：新镀金时代的金钱、权力和慈善》（以下简称《捐赠者》）一书中，戴维·卡拉翰记录了新兴慈善精英不断上升的影响力：超极富有的捐助者希望将大量资源立即投入使用。前几代的精英捐助者可能会满足于将自己的名字铭刻在建筑物或写在"遗产基金会"上，但今天的捐赠者希望得到的是结果。卡拉翰写道："他们知道他们有足够的金钱并试图来改变社会。从民主的角度产生的担忧是，许多人认为这些百万富翁和亿万富豪拥有过度的权力。"

卡拉翰是慈善内幕（Inside Philanthropy）网站的创始人和编辑。这本新书展示了他对慈善行业知识的广泛认识。个别章节记录着对当今精英慈善事业不同维度的调查，并讨论了不同领域（教育、经济政策和人权）以及不同政治派系的案例。《捐赠者》应该会引起广泛的关注：卡拉翰是一位很有魅力的叙述者，这本书及时传达了精英慈善事业日益增长的政治意义。

这本书特别擅长捕捉一些通常见不到的关于精英慈善事业的讨论：精英慈善与精英政治影响力之间的距离很短，而且还在缩小。这本书中提到的慈善家们都是力图实现特定结果的战略行动者，他们渴望利用自己在一系列领域中的影响力来实现特定的目标。例如，有兴趣改变教育领域的基金会可能会把钱花在支持特许学校和游说学校私有化政策上。我们通常会认为慈善捐款和精英政治影响是不同类型的两种活动，但卡拉翰的研究对象是"好撒马利亚人"（Good Samaritans，西谚中指帮助危难者的人）和政治动物的二位一体。

卡拉翰透过精英行为观察慈善事业这种视角既有其长，亦有其短。有时他的角度似乎过于接近他所描绘的精英捐助者的视角。从亿万富翁们加入盖茨－巴菲特"捐赠承诺"的公开信中，他会挖掘出这些人的签署动机。由此我们了解到许多精英捐助者正在努力回馈自己的社区，并推动一种公众利益的愿景。有些捐赠人将他们自己视为对抗其他非民主影响的力量，比如那些不向弱势群体捐款的富裕家庭。但我们从这些资料中能了解到的内容有很多局限。我们不应该依靠这些材料，就如同不应该依靠政治候选人的新闻稿来预测他（她）曾经在办公室里干了什么一样。这本书最好的地方在于卡拉翰从民主的角度指出，捐助者的动机远没有他们的行动结果重要。

如果卡拉翰花费更多的时间来绘制捐助者、受赠组织、正式的政治行动者和广大公众之间的关系图，将会帮助人们更好地了解精英慈善事业。卡拉翰给我们提供的资助者画像远比对其他相关行为者的描述更为完整。富有的捐助者的偏好直接影响卡拉翰的案例选择，他有时似乎是在假设而不是在呈现富人巨大的影响力。例如，卡拉翰通过描述脸谱网共同创始人达斯汀·莫斯科维茨和凯莉·图纳这对亿万富豪夫妇以及他们的良善创投基金会（Good Ventures），简要介绍了有效利他主义运动。其他的视角或能把像有效利他主义这样有经验证据的、促进福利的慈善事业，解释为一个基于互联网的社会运动的胜利，或是结果主义道德哲学的胜利，而不是单单归功于富有的捐赠人。

只关注亿万富豪的活动，就会难以衡量其他行为者的相对重要性。我们不太明白这些精英们是如何与其他参与者进行互动的。这也使得我们难以评价卡拉翰在其结论章节中建议的改革（包括增加透明度和改革慈善税收减免制度）。

卡拉翰的主要目的是记录精英慈善事业日益增长的影响力和政治意义。但是他并没有就精英慈善是否以及如何与民主价值观相容提出有力的论点。相反，他特别强调许多人对慈善捐助者感到困惑：我们赞扬他们的慷慨，但对他们所拥有的过大的权力又感到不安。慈善事业已深深嵌入"公共生活的机制"之中，有时结果看起来显然是正面的："公园、图书馆和博物馆使城市宜居，顶尖的大学和医学研究中心使城市更精彩，能够吸引来自世界各地的人才。这有什么不妥吗？"正如卡拉翰所言："也许是一堆事儿……从谁在公共生活中做选择到谁能从这些选择中真正受益。"

这些想法表明至少有两个不同的标准来评估精英慈善事业。一方面，我们应该最关心"谁真正受益"吗？如果是这样的话，那么重要的是确保慈善事业产生公共利益，不被私人利益污染。这可能会是一个有吸引力的标准，但它并不是一个特别民主的标准：慈善事业成为"仁爱的精英统治"的一种形式。

另一方面，如果关键问题是"谁在公共生活中做出选择"，那么，重要的是对影响政策的机会的更平等分配。我很想听到卡拉翰在这些宏大问题上的更多观点。我们是在追求更好的结果还是更公平的权力分配？精英慈善家们是对其他自利的精英的抗衡，还是对民主本身形成对抗？就目前而言，这些基本问题仍然隐藏在这本书的大量信息之中。

艾玛·桑德斯－黑斯廷斯（Emma Saunders-Hastings）
芝加哥大学社会科学助理教授

向全民发钱——

《基本收入：自由社会和健康经济的一项激进计划》

作者：朱莉安娜·比达努尔
译者：王维

作　者：菲利普·范·帕里斯
　　　　 杨尼克·范德波特
出版社：哈佛大学出版社
页　数：384 页
出版时间：2017 年

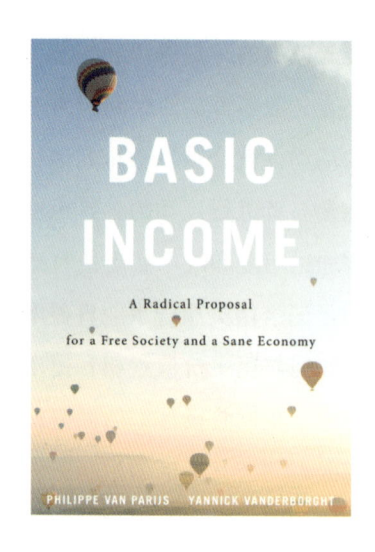

　　在经济紧缩时期，福利国家的理想和制度日渐萎缩，很多人争论是否该把获取住房、儿童保育、医疗保健和教育的机会作为所有人的基本权利，以及由个体负责的范式是否应占据主导地位。此时，进步论者会很轻易地放弃那些远大的理想。如果我们不能保护美国计划生育联合会或奥巴马医改方案，若干边缘的改进方案可能很有诱惑力。但是出于同样原因，进步论者比以往任何时候都更为迫切地需要将自己重新定位为有远见的梦想家，提出激进的乌托邦方案以团结已经分裂的社会。菲利普·范·帕里斯和杨尼克·范德波特通过他们的新书《基本收入：自由社会和健康经济的一项激进计划》，全面阐述了全民基本收入（Universal Basic Income，UBI）的观点。

　　"全民基本收入"是一个简单的建议：国家向每一个居民按月发放现金，不要求他们申请,也没有任何附加条件。两个作者建议将人均GDP的1/4设为全民基本收入计划,这样在美国,每人每个月都能收入1163美元,无论他们是穷是富,有没有孩子,有工作还是失业。

这个建议将改变一些群体的生活,例如年轻人、临时工、志愿者、穷忙族、失业者(那些受技术变革影响而失业或面临失业风险的群体)以及那些因缺乏知识或正在等待福利救济而可能没有收入的人。这个想法正在全球范围内被广泛接受,像芬兰、巴西、纳米比亚、印度和加拿大这些国家都承诺试行全民基本收入计划。

本书由8个富有见解的章节组成。帕里斯和范德波特有力地论证了作为一种通向自由的工具,全民基本收入在经济上可持续、在政治上可实现。他们也呈现了全民基本收入如何可以改变那些官僚居高临下的态度,州层次的许多官僚总是用这种态度对待那些看上去不具备资格领取公共补贴的人。而现有的福利制度往往容忍一种陋见,对似乎没有资格领取补贴的下层阶级不断进行筛选,即所谓的"福利女王"和福利欺诈者。最坏的情况是,政客们承诺筛选排除那些福利欺诈者,利用这个立场的优势赢得选举。最好的情况是,他们以一种短视的方式直陈问题,给福利加上更多的附加条件以表明他们确实在防止福利欺诈者滥用这个体系。这种做法无异于强化了福利申请人确实没资格获得援助的错误观念。

全民基本收入的建议提出了一个激进的范式转换。正如作者所展示的那样,它能帮助我们摆脱为了生存被迫找工作的处境,即使这份工作所得甚微、全无用途、危险或可能毫无尊严。通过掉转既有话语叙事的方向,全民基本收入的建议使我们的社会更接近于"通往繁荣的真正自由,无论工作与否都将得到公平的分配"。这本书未能论及的问题是,全民基本收入如何也能成为实现种族正义的工具?正如政治学家多里安·瓦伦所写的那样,包括很多非洲裔美国人在内,处于美国经济阶梯底层的那些人会从基本收入计划中受益最多。在取消一切制约性条件和不再要求受援人必须证明自己的困窘之后,全民基本收入计划才能够规避许多基于种族主义意涵的父权主义式的限制。

然而，作者有说服力地表明，全民基本收入如何使我们更多地反思那些我们认为理所当然的事：就业与增长的中心地位以及我们传统上对贫困和失业问题的怯懦的解决方案。

这听起来像不像是乌托邦？在不久之前，全民基本收入似乎就是一个幻想，特别是在美国，许多美国人对公共援助顾虑重重。批评者质疑：那些认为工作是一种道德责任并视福利国家为道德风险的人，如何能认同一个甚至不需要有工作意愿的制度？即使我们能够使这些人认同，我们又怎么能负担得起？这样的制度怎么能够持续下去呢？推测一下，如果人们什么都不做就能获得金钱，那么他们大概会不工作，这样就无法承担起一个慷慨的全民基本收入计划。

然而，基本收入运动正在发展壮大。世界各地的许多全民基本收入实验都没有证明，不劳而获的现金会让人们停止工作。即使在美国，有越来越多的人在过去几年里都表达了他们对这项政策的兴趣，其中包括进步论者前美国劳工部长罗伯特·莱奇、美国家庭用人联盟主任蒲艾真、未来学家马丁·福特。

在劳动力市场，人们担忧自动化可能以前所未有的速度取代工人。这非常有助于引发对全民基本收入的新兴趣。专注科技领域的美国科技创业公司孵化器（Combinator）目前正在加利福尼亚州的奥克兰开展基本收入的实验，并于2016年启动了一个叫作"经济安全计划"的项目。该项目支持全民基本收入计划，将在未来几年投入1000万美元用于研究基本收入。虽然这听上去像是乌托邦式的想法，但是全民基本收入看起来却越来越可行和吸引人。

朱莉安娜·比达努尔（Juliana Bidadanure）
斯坦福大学麦科伊家族伦理学中心政治哲学助理教授

向内移情——

《在工作中唤醒同情心：提升人和组织的宁静力量》

作者：贝思·坎特
译者：王维

作　　者：莫妮卡·C.沃林
　　　　　简·E.杜顿
出 版 社：布瑞德－克勒出版社
页　　数：251 页
出版时间：2017 年

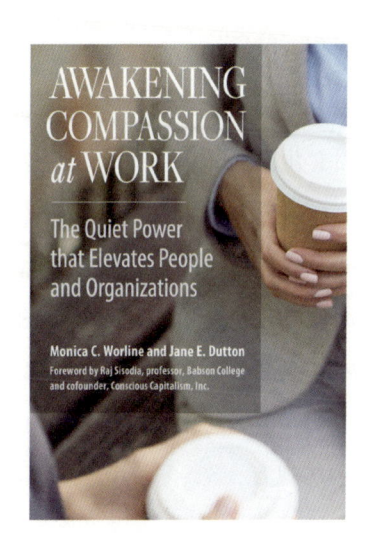

　　大多现代工作场所已经变得毫无人情味并且日益苛刻，于是我们也变得麻木不仁，对同事漠不关心。很多为非营利组织工作的人员都遭受着激情疲惫和同情心枯竭的折磨。这是因为他们已经为服务对象付出了很多，没有剩下什么留给同事了。由莫妮卡·沃林和简·杜顿所著的《在工作中唤醒同情心》是一本令人兴奋的书，指导人们如何通过爱来使工作单位重新变得人性化。这本书提供了一个如何以深刻的同情心来培育组织文化的路线图，这种同情心将使许多组织成为一个更快乐、更健康的工作场所。

　　在我与阿里莎·谢尔曼于 2016 年合著的《快乐健康的非营利组织：无倦怠影响的策略》一书中，我们提供了一个在非营利机构里实践自我关怀和创造幸福文化的平行框架。这本书着眼于我们与自己、他人、事业和金钱、环境和技术的关系，展现了我们在单位中的人际关系如何深刻影响我们的幸福感。

　　自从我们出版了这本书以来，我一直在为非营利组织开设工作坊，教他们如何实践自我关怀，并将一种幸福文化融入到组织中。我也会一直听到同样的问题和担忧：总有年轻的非营利组织领导人会站出来吐槽，这个组织里的每个人都处于精疲力竭的边缘。每个人都得工作超长时间，感觉总是被突发事件打乱节奏，有太多的工作要做，而资源又少得可怜。有时，他们会提到正在体验到一种失落，没有了当初那些曾经激励过他们的使命和目标。他们对机构的工作充满激情，但发现很难继续，因为感觉到没有价值了。这些年轻的领导人迫切想改变他们的组织文化，而不是不得不退出。

　　这一反馈与沃林和杜顿的观点一致，即职场文化往往会限制人们发展、成长和在工作上发挥最好，并在集体意义上阻碍了组织获得高绩效和影响力。员工可能会觉得他们的技能得不到欣赏，总被管理者的古怪念头支配，而管理者们并不了解实际工作中所遇到的困难以及工作要求和期限规定不合理，从而员工长期感觉自己工作的价值被低估了。其他形式的痛苦则来自员工的个人生活，虽然这些压力并非来自职场，但它们也会使员工无法幸福快乐地工作。

　　在一个充满压力的工作环境中，工作本身就是一种文化，员工可能不会认为为同事做些事情是属于合理利用工作时间。员工可能不会看到个人危机，比如一位同事因为火灾而失去了一幢房子，其实是与工作共同体相关的事——而他们太专注于截止日期了。而在一个明确重视员工之间互相关爱的单位里，员工就会认为帮助同事是与工作相关的。正如作者总结的那样，同情心表现得不一样，是因为单位文化的不同，因为文化塑造了个人关注、思考、感受和做事的方式。这本书展示了组织的结构和流程如何使员工更容易或更难于表达同情心，这不仅是在人际层面上，在组织或系统层面上也有所体现。

　　我们怎样才能使工作场所更富有同情心呢？对沃林和杜顿来说，答案是要在所有场合中将同情心定义为不仅是一种被动的情绪，而且是一种积极减轻痛苦的愿望，涵盖关注、理解、感受移情和采取行动四部分过程。正如谢尔曼和我在我们的书中所写的那样，可行的方法包括组织领导者建立灵活的工作时间，保护员工免受超负荷的工作量、监控和检查的折磨，并设计一些能够表达情感支持的仪式和活动。

基于作者广泛的研究，沃林和杜顿的这本书有力地说明了为什么和如何将同情心融入组织的文化中是有价值的，以及它如何能带来非凡的表现。提高员工心理上的安全感可以促进创新活动，建立信任和尊重，提高人们合作的意愿，改善对利益相关者的服务，鼓励更多的合作、员工参与和人才发展。

我认为这本书唯一的局限是把同情心描绘成一个可以修复现代职场一切问题的撒手锏。尽管同情心事实上并非万能，但这本书确实有力地说明了为什么同情心是组织内部韧性建设的重要组成部分。毕竟，俗语有云："就早餐而言，文化比战略重要。"

如果你认为单位里的同情心只是为了安抚嬉皮士，或软化因营利动机而产生的企业文化，这本书可能会让你重新思考。非营利组织的工作人员对他们的服务对象而言，是具有同情心的专家，但他们也需要在自己的办公室里实践同情心。作者很好地说明了为什么爱是世界上最强大的力量。爱和同情心是必需品，而不是奢侈品。非营利组织不仅需要在他们服务的社区中推广同情心，还需要把它作为组织内部文化的一部分。

贝思·坎特（Beth Kanter）

被《快公司》（Fast Company）评选为最具影响力的技术女性之一，是获奖书籍《非营利组织网络化》的作者。

研究越深入，发现越糟糕——
《财务日记：美国家庭如何应对充满不确定性的世界》

作者：罗恩·哈斯金斯
译者：王维

作　　者：乔纳森·默多克
　　　　　雷切尔·施耐德
出 版 社：普林斯顿大学出版社
页　　数：223 页
出版时间：2017 年

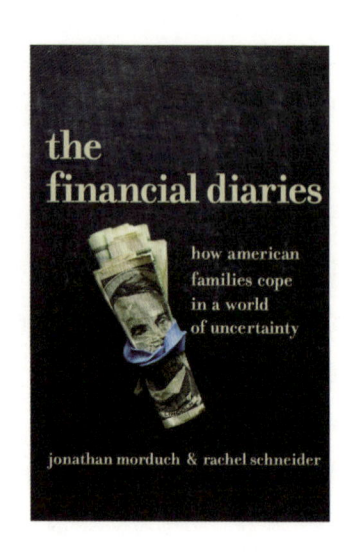

　　早在 2008 年，耶鲁大学的雅各布·哈克就把年收入的大幅波动称为"新的不安全"，引起了学术界和媒体对这个一点即破的大问题的关注。人们的支出依赖稳定的收入，特别是在主要商品和服务上，诸如住房、汽车、孩子上大学等。但是，正如"收入动态长期追踪研究组"等一些有影响力的数据平台所显示的，许多美国家庭的收入相当不稳定。

　　在对一些家庭的多年跟踪研究中，在收入波动方面，收入动态长期追踪研究组发现了重要信息。乔纳森·默多克与雷切尔·施耐德的新书《财务日记：美国家庭如何应对充满不确定性的世界》（*The Financial Diaries: How American Families Cope in a World of Uncertainty*）提供了一个更细致的视角，通过对一些家庭按月甚至按周的财务交易的观察，揭示出一种新类型的财务不安全。

任何现有的大数据平台都没有提供这类详细家庭信息。那么默多克和施耐德是怎么获得这些数据的呢？答案很简单：他们自己动手采集。他们在美国全境选择了四个社区，分别位于加利福尼亚州、密西西比州、纽约州、俄亥俄州和肯塔基州交界处。研究者首先通过当地组织的推荐，确定了中等至低收入家庭。随后，研究人员经由已参与家庭介绍，接触到一些新的家庭并将它们纳入研究之中。对所考察家庭的唯一要求是至少有一名家庭成员正在工作。研究人员要求每个家庭对相关的每笔财务交易都进行记录，包括收入、采购、支付账单和借款。共有235个家庭坚持参与了这项为期一年的研究，平均每户家庭记录了约1.27万笔交易。不难理解，由于报告这些数据是一项沉重的负担，在最初参与的400个家庭中，有40%左右即165个家庭提前退出了。

这项研究最重要的发现是在一年之中家庭平均收入的变化程度。作者查看了每个家庭的收入高于或低于该家庭月平均水平25%以上的月份数。他们发现，一年中平均有2.2个月的收入高于平均水平25%，而有2.4个月的收入低于平均水平25%，合计每年有近5个月的收入与其标准平均值有较大的偏离。只有约2%的家庭没有这种波动。越贫困的家庭经历的波动越大，即使那些收入超过贫困线200%的家庭也明显受到影响。

默多克和施耐德研究记录了参与这项研究的家庭的真实而详细的故事，展示了这种收入波动的严重性及其造成的问题。这本书的一半篇幅都在描述这些人所面临的问题，令读者颇感震撼。财务规划当然重要，但当收入不稳定时，怎么可能有规划？一些家庭不得不经常借钱，有时要借高利贷，这会使经济状况更糟糕。当这些家庭申请福利的资格都处在不断变化之中时，他们甚至连利用社会保障项目都变得越来越难。而且，毫不奇怪的是，收入的巨大波动增加了焦虑，会经常导致家庭成员之间关系紧张和冲突加剧。

默多克和施耐德也给出了一些令人印象深刻的关于这些家庭如何努力应对经常遇到的收入减少的问题例子。这些家庭可能借钱，通常是从朋友和亲戚那里借，设法建立一个数额不大的家庭储蓄账户，寻找兼职或加班，以及说服债权人延长账单还款日的期限等。然而作者发现，这些解决方案虽然可能有些创造性，但通常只能解燃眉之急。

本研究最主要的缺陷是，通过当地关系网络在特定社区收集的样本不一定能代表美国总体人口。即使如此，作者选择了来自四个不同地区以及不同收入水平的家庭，这个事实至少确认了显著的收入波动在美国是相当普遍的。

作为结论，作者提出了一系列可能有助于应对家庭收入波动的政策建议：他们赞成从法律上限制雇主频繁临时改变雇员的工作时间，监管高利息的发薪日贷款等金融产品的营销活动，从而避免导致家庭陷入债务不断增加的恶性循环。然而，目前还没有足够的证据证明这些政策建议是有效的。虽然收入的短期波动影响了许多家庭，但目前还不清楚哪些政策能有效地解决这个问题。在这一点上，对相关政策建议进行进一步验证，也许是能帮助类似书中所描诉的那些家庭摆脱困境的最大希望。

罗恩·哈斯金斯（Ron Haskins）
布鲁金斯学会高级研究员，担任卡博特家族经济研究主席，同时指导儿童与家庭研究中心开展工作。他也是安妮·凯西基金会的高级顾问。

像保护生命一样保护水源

作者：埃里克·尼
译者：王维

在北达科他州，2016年开始的达科他地区输油管道抗议活动已经成为本世纪以来美国最重要的抗议活动之一。在立岩苏族部落的领导下，抗议者们试图阻止建造一条从北达科他州到伊利诺伊州的石油管道。这条管道长达1100英里（约1770千米），它将穿越密苏里河，其中数英里将经过部落保留地。管道将建造在被美洲原住民视为神圣的土地上，同时这条管线潜在的环境风险（特别是对密苏里河而言）是石油泄漏。为了阻止管道施工，抗议者在该地区建立了若干个营地，这些营地最终容纳了近一万人。而在美国境内乃至世界各地的城市，都不断出现了更多的抗议活动。美国总统特朗普于2017年1月24日签署的行政命令给建设工作铺平了道路，这使抗议活动受到了重大打击。在2017年2月22日的抗议活动中，执法机构将最后一批抗议者赶出了营地。尽管现在看来管道将会顺利建成，但达科他地区输油管道的抗议活动并不是失败的。他们团结了美洲原住民、环保人士、社会正义倡导者和其他群体，埋下了一颗正在发芽的社会运动的种子。

埃里克·尼（Eric Nee）
《斯坦福社会创新评论》英文版主编

城市空间的创新策略：
众建筑的设计与影响力

作者：关凯

人类改造自身生活的强烈欲望常常体现为改造城市的激进行动，在发展迅速的中国尤其如此。在圈地、拆迁、建造摩天大楼和机动车快行道的热潮中，权力和资本对于城市空间的控制正在对城市大众的共同生活构成重大影响。无论是昂贵的商业地产还是封闭式的高档住宅小区，这种影响以空间性的排斥和疏离的方式制造出城市中心区的空洞化，本地人口的撤离和性质单一的旅游商业功能破坏了城市中心曾经是"各种人和阶级融合在一起的地方"（大卫·哈维语）的原本意义，因而丧失了原本附着在这些空间里的人们共享的历史记忆、社会纽带以及文化与身份认同。

如何使当代语境下的城市空间重新成为一种共享资源，几乎对每一座现代城市来说，都是一个困扰市政府的难题。但显然，仅依靠行政资源并不足以解决这个问题。

2015年，在英格兰西部港口城市普雷斯顿的市中心，出现了一种被称为"众行顶"的临时建筑。这是一种能够覆盖整条街的可伸缩的顶棚，底部是可脚踏的轮组，可随意骑行安置。这是普雷斯顿对城市中心进行总体规划的"地方营造"（place-making）计划的一部分，邀请国际艺术家参与，以艺术的方式探索如何激活城市中心的公共生活。

出现在普雷斯顿街头的10件"众行顶"来自一家中国建筑设计工作室——"众建筑"。

移动与组合：众建筑设计中的"策略性城市化"

在西方，"策略性城市化"（Tactical Urbanism）是一个新概念。这一概念具有鲜明的社会创新意涵，指在城市化过程中，民间力量以本地化方式解决本地问题，通常是在低成本、低风险、容易操作的条件下，对城市空间环境做出临时性改变，以居民自身

可骑行移动的众行顶。鲁汶，比利时，2016

的居住品质以及邻里互动和公众聚集场所的品质，从而在公私两域之间，实现可持续发展的公益目标。同时，不仅本地居民拥有的个人财产及社会资本能够获得提升，相关城市空间和建筑物的潜力也能得到更为充分的利用。

　　传统的城市化战略或那些涉及复杂城市系统的自上而下的改造计划，和由本地人群自下而上发起的反应灵活、切实可行的行动构成的策略性城市化截然相反。事实上，在中国，"策略性城市化"并非新物。近几十年来，许多中国城市的老居民区都历经了一段个体（家庭）自发建设时期。这个过程中展现出来的那些新的设计，如不具备下水道设施条件的卫生间、有创意的装置布局、新的公共空间创设等，这些民间自发的实实在

伸展连接后的众行顶，市民在其中享受文化活动。鲁汶，比利时，2016

在的增项往往改善了街区的功能与氛围，使之重新焕发活力。

众建筑就是"策略性城市化"的实践者之一。

在气候温暖的中国南方，大排档是日常生活中不可或缺的公共餐饮服务场所。大排档通常临时占用道路、广场等公共空间，受天气影响较大。因此，在中国南方城镇路边的大排档，常见一种伸缩棚：在大排档营业的时候，人们在这些露天空间展开一个遮阳避雨的顶棚，而在营业结束的时候折叠收起。对大排档的经营者以及市政管理者来说，布置和撤除这个顶棚都是一件费时费力的事。

对众建筑来说，这个看似平常的伸缩棚却是创新灵感的来源，"众行顶"由此诞生。

与大排档的伸缩棚相比，"众行顶"不动声色地做出一项革命性的设计创新：可移动性。作为一个两层楼高的可伸缩结构，"众行顶"下部由多组踏轮支撑，可由至多十人同时骑行，从而能够在城市中便捷地移动；整个装置为折叠式的，展开之后，可以像手风琴般覆盖12米长、跨度10米的整条街道的路面，将各自分隔的城市空间重新联结在一起。

大排档的伸缩棚是灵活利用城市公共空间的民间智慧——白天伸缩棚收起，让出城市的人行道空间给行人；晚上伸缩棚拉出，临时"占用"一部分人行道，变成大排档。而众建筑给予了伸缩棚更大的灵活性，加上可以骑行的轮子，可以更加灵活地使用各处城市的公共空间。

作为一种制造临时公共空间的可移动设施，"众行顶"是"策略性城市化"的一种物理表征。它唤起人们对既有的低效用都市空间（如停车场、小街巷）的注意，以及将这些空间转变为动态且吸引人的新公共空间的可能性。如果将多种型号的"众行顶"搭配起来，还能构成俯视之下具有丰富变化性的连廊和通道，并通过新的布局，将这些各自分散的空间连缀在一起。同时，"众行顶"的设计策略是保持对普通公众的开放性和参与性——各种各样的人群可以通过"众行顶"的安装、骑行、架设和回收工作，相互接触、交往、合作。

如果说"众行顶"为动态利用作为稀缺资源的城市空间找到了一种技术解决方案，那么，"广仁众空间"则为困扰世界上很多城市的"内城衰落"问题提供了创新解决之道。

在世界上很多地方，随着经济的发展，城市的空间格局发生变化。人口、商业和机会开始向设施更加完备的新城区转移，曾经作为城市唯一中心的老城区几乎无可避免地纷纷衰落。"内城衰落"这个现象最早出现在经济发达的欧美国家，目前中国的一些城市也开始面对这个问题，烟台就是其中之一。

在烟台，与新商务区的繁华景象相对应的是，一街之隔的历史老城区则略显沉寂。加之此前这里的老建筑多被出租给了会所、餐厅等高消费业态，就更显得拒普通人于千里之外。为重新激发老城区的活力，众建筑设计了"广仁众空间"这座建筑，并在短短一个月内建成。"广仁众空间"是一座综合文化中心，整座建筑的主体部分，是一个多层预制房屋系统，由空间结构系统和其中插入的预制房屋系统组成，而且该建筑还具扩展性，结构与房屋可依需求增减或更换位置，有无数种组合可能。所用到的"插件板"集保温、设备、内外饰面及门窗于一体，可快速建成各种适用的空间。整座建筑被钢结构框架轻盈抬起，四面开敞，空间多样；建筑周边接驳有多种用来创造移动空间的装置，配有多个可在城区中移动的骑行组件。

作为烟台老城区复兴项目"广仁计划"的一部分，"广仁众空间"以其一系列多元化的可组合空间吸引着到访者，包括室内外的社交场所、活动空间、图书馆、阅览室等。"广仁众空间"以友好的姿态邀请人们进门参观展览、阅读书籍或在平台上观赏海景，从而吸引越来越多的当地人聚集到广仁路历史街区这片素有"烟台会客厅"之称的地方。从社会意义上看，"广仁众空间"是一个激发城市生活事件的空间，它刺激了更多市民文化活动的发生，也促进了人与人之间更多的交流。

以可移动的"众行顶"和可快速搭建的"广仁众空间"为代表，面对生活在特定城市空间里的各类人——他们的阶层特征与生活方式各不相同，共享一种历时短暂而瞬息万变的社会生活，众建筑试图提供一种准确的对策，依托大众的日常经验，却在新的公共空间的制造品质上，比大众惯常的期待走得更远一些。

众建筑的社会创新：适度改变的智慧

北京前门大栅栏地区一条不起眼的胡同中的一个小四合院，是众建筑的办公地点。

20多个年轻人拥挤在这里，从事通常是在摩天大楼里做的专业设计工作。他们这么做并非为了追求某种时尚，而是为了在空间体验和日常感受上更为接近他们的服务对象——那些同样居住在胡同里逼仄老屋的人们。这几乎像是人类学家做的事。对这些年轻设计师中的大多数人来说，他们从未成为过胡同居民，但他们试图从胡同居民的角度去观察与思考，这样就可以感同身受地发现到底要通过自己的设计解决什么问题。

北京传统的建筑形式是四合院。传统上，在一个完整的四合院里生活的是一个单独的家庭或者家族。但由于历史原因，今日大栅栏的院落主要是大杂院，多户人家在同一个院子里面共同居住，很多人家只有一间或两间房，院落的空间也几乎被居民加盖的临时建筑全部占满。

在过去的几十年间，北京市的危旧房和胡同区成片地消失，代之以崭新的高层公寓或仿古建筑。北京是世界上历史文化底蕴最深厚的古老城市之一，而大栅栏地区位于北京最核心位置，也是目前北京保留胡同格局相对比较完整的地区之一。密集交错的胡同群中，很多建筑年久失修，公共设施缺乏，几乎没有绿地，被戏称为"距离天安门最近的贫民区"。一些有钱的人搬走了，另外一些有钱的人搬进来，而这两种人通常不被胡同里的老居民视为同类。

2011年，北京市政府对大栅栏的煤市街西侧地区进行改造，但决定不搞"大拆大建"，而是尽量保护原来的胡同格局，并吸引一批设计师、艺术家和店主参与，这为众建筑带来了机会。在政府的支持下，他们要解决的问题是如何在基本保留胡同格局的前提下，改善胡同老居民的居住环境，提高他们的生活质量。

当时，众建筑的年轻设计师们首先做的事，就是对这个胡同社区开展细致的研究。

胡同里，老房子主体结构内置入一个全新的"盒子"——内盒院。图为内盒院放置前后的房屋状况对比。北京，2015

他们发现，几乎所有房子的状态都非常糟糕——漏水、门窗漏风、返潮、公共基础设施非常差，没有能够支持室内卫生间的市政管道等。同时，以院落为单位对大杂院进行整体改造非常困难，因为邻里间很难达成一致的意愿和行动。各家各户的具体需求和经济支付能力也差异甚大。另外，居民们仍然保留着一种特有的胡同社区的生活方式，很多人选择继续在这里生活，恰恰是出于对这种社区文化的留恋。

经过缜密的思考，设计师们最终想出来一个方案——老房子的主体结构完全保留，里面塞入一个预制的、能满足现代生活标准的一个全新的"盒子"，这就是"内盒院"的概念。

内盒院是一个综合性的解决方案。

第一，内盒院不仅是一个建筑的系统，还包括了基础设施的根本性改善。例如，用来自加拿大的无水堆肥马桶等技术手段妥善解决了室内卫生间的问题。从总体上看，无论是密封、采光、通风还是卫生条件、安全性和舒适程度，内盒院都完全符合现代建筑及其基础设施的技术标准。第二，内盒院是一个绿色产品，非常节能，一年的用电量会比普通平房或大杂院节省2/3。第三，内盒院的造价只有普通改造的1/3，这适应了普通市民要求物美价廉的消费观念。内盒院是预制组装的，板材在工厂制作。为此，众建筑直接同一些世界最大的复合建材供应商洽谈合作，委托其中一些厂商以较低价格生产众建筑研发的所需板材，从而尽可能降低成本。再设计出简易的安装方式，仅需一件工具即可搭建，施工对邻居的影响也很小。第四，这是一个文化敏感的产品，除了增加美感和居住舒适度，内盒院不会对社区的物理与文化空间造成任何改变。

由内盒院衍生出来的、可独立搭建的"插件家"，也是一种预制化房屋产品——人们可以在网上订购，可以平板运输并可以自行搭建。插件家是一种完全独立的房屋，虽

这个胡同里的新建筑平均每平方米造价不到 4000 元人民币，搭建时间只需一天。
北京，2016

然使用了和内盒院一样的材料和建造方式，但是可以完全在室外建造，解决了防水、耐久等各种问题。以内盒院和插件家为代表，众建筑的设计理念是尝试做出一种有限的改变。这种设计层面的适度性，恰凸显了其在社会创新意义上的突破性智慧。

为大众而设计：创新与制度的互动

社会创新是嵌入既有制度的一种问题解决方案。这种方案必须同时适应两种制度：一是显性制度，如法律体系；二是隐性制度，如人的文化观念。众建筑的社会创新设计，始终是在这两种制度的约束下展开的，但同时，它也为既有制度注入了新的活力。

在城市中，土地等空间资源始终是稀缺的，如何更好地利用有限的空间资源，创造城市居民更美好的生活感受，这是"策略性城市化"的内在驱动力。民间各种非正式的营建活动表明，城市化存在着很多在政策层面尚未解决或难以解决的需求。而应对这种需求，民间的力量需要整合资源。作为专业设计师的众建筑的参与，终于使一些可行的解决方案浮出水面。之所以如此，在于众建筑的核心设计理念可以被概括为"为大众而设计"。

无论是以企业命名（People's Architecture Office）还是以产品命名（如"众行顶"，People's Canopy），众建筑突出强调"大众"（People）的概念，其设计思想也始终体现出以人为中心的立场和态度。在大卫·哈维看来，"城市共享资源之所以重要，是因为它以高度集中的形式提出了关于共享资源的所有政治矛盾"。以资本为中心的城市化的破坏性，不仅表现为底特律的城市废墟，也表现为大众对城市空间过度商品化的叛逆。这种叛逆的消极表达式通常是普通人的焦虑、失望与抱怨，这种情绪有时像病毒一样污染着我们身处其中的城市，并侵蚀了我们对于城市的感情、记忆和忠诚。这构成了众建筑的创新探索的社会语境。

在近年来的城市化进程中，各地政府改造危旧房区域的方法往往是为居民提供经济激励，让他们搬到城市郊区，然后把整个区域夷为平地重建。尽管当地居民长期居住在那些区域，但他们并不是土地所有者，居民们对自己家园的命运几乎没有控制权。作为建筑设计师，在现行法律及政府规定等正式制度的框架内，众建筑的社会创新以设计为中心，建设性地部分解决了普通大众对于提升居住条件和公共活动场地品质的需求。特别是在土地公有制、土地用途性质被严格规定以及高人口密度条件下复杂的产权与租赁权等条件约束下，众建筑在符合正式制度规范的前提下，试图创造出一种土地、住宅与自然景观之间相对松弛的关系——家庭住宅也可以是灵活的、可变的，甚至移动的（如三轮移动房屋），公共空间也可以通过便捷的临时改造而转换功能。对政府来说，这不失为提升城市魅力、缓解社会矛盾的良策；而对继续居住在老旧社区的城市居民来说，这些都为保留文化传统和邻里社交生活提供了新的选项。

众建筑的成功努力，同时赢得了来自政府与大众两方面的支持。众建筑通过对城市社区进行专业化的调研，不仅可以充分理解政府整体规划的思路与战略，也更容易理解大众的需求，从而能够做出切合实际的本土化的设计以解决本地的问题。在这种实践当中，众建筑提供的不仅是一种专业化的建筑设计方案，也是一种妥协性的制度设计方案。这种方案综合了政府城市改造规划战略，也切实解决了大众面对的具体生活问题。

当然，这一切也并非一帆风顺。无论是政府还是大众，这两者都既可能是创新设计与实践的支持者，同时也可能是事实上的阻碍者。例如，在与政府合作的机制上，众建筑的设计师们不得不适应政府机关烦琐的工作程序和相对较低的工作效率；而市民大众的一些价值观念与生活习惯，也可能与众建筑的设计理念格格不入。比如中国的消费者更习惯于雇人劳动，用混凝土建造永久房屋，而不是自己动手组装工业化房屋产品。

但众建筑的设计也正在对政府和大众的想法造成一种冲击，更多的地方政府和城市中心区的老居民家庭正在对插件家等产品表现出越来越大的兴趣。这不仅是一种商业市场的拓展，同时也是一种设计思想市场的开拓与传播。

沟通现实与未来："插件塔"的隐喻

在当代建筑学话语中，"策略性城市化"代表着一系列旨在实现长期社会变革的设计方法。这些项目，经常是通过设计师与更大型的组织间的合作付诸实践的，比如地方政府、非政府组织、有社会责任感的公司。项目从持续数小时的活动到永久性的干预举措，涵盖了各种类型。

2016 年 9 月，万科发起了一年一度的"实验建筑展"。众建筑受邀参加并在深圳万科总部完成了"插件塔"，旨在探索"未来居住"的可能性。

插件塔是个可无限扩展的多层预制房屋系统，由空间结构和插入的房屋单元组成，房屋单元可依据使用需求更换位置或增加和减少。空间结构由统一的组件和相同的节点构成，有无数种组装的可能。插件塔探讨了在一个土地非私有化的国家建设私有房屋的问题。在中国由于土地所有权属于国家或集体，个人建房受诸多不确定性的影响。插件塔可移动、可再建的特性，避免了因地权变故导致的建房投资损失。它可以被界定为临时建筑，无须专门打地基和繁复的规划审批，相比传统永久建筑，更容易建造。而当需要迁移时，也可轻松打包搬运重建。

就象征意义而言，插件塔是一个社会创新的隐喻。这是一个基于问题解决的可生长系统，能够持续适应各种不断变化的环境与要求。它不仅代表了空间化表达的社会现实，也象征着这种现实在未来的演变。

众建筑设计的精神气质，来自三位年轻的创业者——何哲、沈海恩和臧峰。从一开始，众建筑并不是刻意去创办一家社会企业，但在创业过程中发生的一切，推动众建筑最终成为一家社会企业。在中国，众建筑的每一个设计，不仅是建筑创新事件，而且几乎都是一个社会创新事件。

在国际上，众建筑的作品屡获 Architizer A+ 奖、德国红点奖（Red Dot Award）和世界建筑节大奖（World Architecture Festival Award），也曾在威尼斯建筑双年展、鹿特丹国际建筑双年展、哈佛大学设计学院参展，并现身纽约、伦敦、米兰、首尔和香港等地的展览活动。在商业领域，众建筑与波士顿政府的保障性住房创新计划和哈佛大

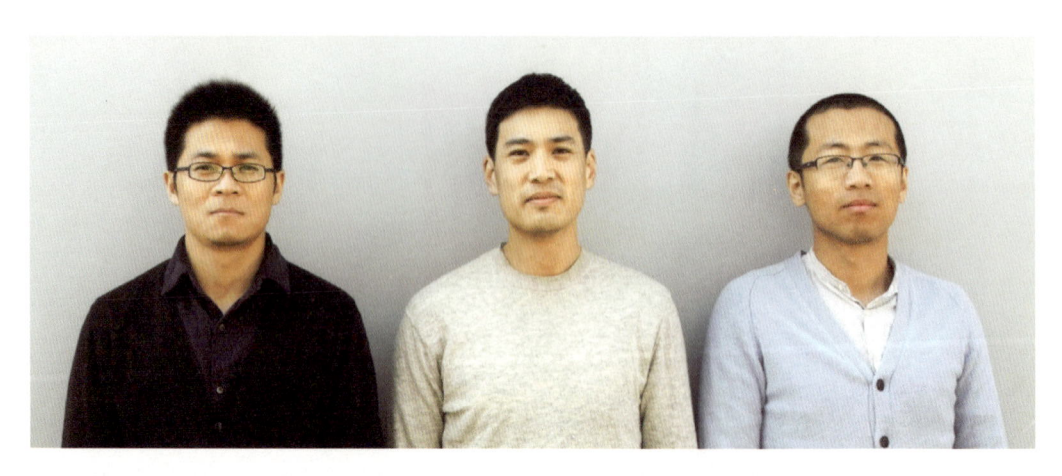

（从左至右）何哲出生于浙江金华，国家一级注册建筑师，西安建筑科技大学城市规划与设计硕士。
沈海恩（James Shen）出生于美国加州，产品设计学士及麻省理工学院建筑学硕士，哈佛大学Loeb访问学者。
臧峰，出生于甘肃兰州，国家一级注册建筑师，北京大学建筑学硕士。

学设计学院合作，以期待在波士顿获得资金支持并展示插件家的概念。通过设计样品的展示，众建筑希望针对美国日益严峻的住房购买力不足问题，将附属住宅单元提为一个潜在的解决方案，借此影响该地区附属住宅单元的相关政策。

2016年，众建筑成为亚洲第一家获得共益企业（B Corporation）认证的建筑事务所，也就是一家为社会利益服务的营利性企业。中国的非营利机构乐平公益基金会已给予众建筑资金和制度建设层面的支持，并使众建筑更为关注"社会影响"这样的社会创新目标。

社会创新的宗旨是在现实的社会语境中解决实际问题。面对城市化带来的各种新老问题，作为创新者的众建筑并非态度激进的批判者，而是举止温和的改良者。在与城市居民日常生活息息相关的细节上，众建筑的设计师们用针灸式的处理方式，不断产生微观层面的点状影响。但这些影响的集合，却具有实质性的创新意义。相对于大拆大建的短期利益驱动开发模式（这种模式的最终受益者往往是资本精英），众建筑的设计提供了一种追求长期社会利益的、更为健康的发展模式：居民们可以创建个人的、分散的、高效节能的基础设施，无须拆除房屋与依赖大市政。比起少数人的巨额投资，大量居民个人的微额投资反而会对这个地区的发展更为长期有效。

众建筑未来的目标，则是将其在"策略性城市化"尺度下初步测试过的具有社会目标的设计概念，借助现代化的规模生产能力推向更多的用户。这是一场跨界的努力，是商业运作与社会创新的结合。建筑将不单是一种建筑，而同时是一种关怀，是对于人、对于城市、对于社会、对于我们共同期待的美好未来。

关凯
《斯坦福社会创新评论》中文版学术主编，中央民族大学教授

感谢众建筑和哥伦比亚大学建筑学院研究生艾丽西亚·弗伦奇（Alicia French）对本文做出的贡献，所有图片来自众建筑。